第三覺醒

一本充滿不可思議的
能量之書

陳炳宏

一本能讓所有「生命的軟體」在自己的生活中誕生茁壯的「心靈有機」之書
引領一切生命形式無可預設的恢復生命本然自主之路

推薦序之一

無爲者的起義

張端筠

初見面，我陳述自己對生命的無解，對家族四代在人倫與信仰中落差的無奈。炳宏專注傾聽，當下回應。

「你，以及整個家族系統都有無為的特質；面對帝王術掠奪者，你們不是不明白，而是不計較，日積月累下來，必然封鎖在壓抑痛苦中，變成無所作為。」

「真正的無為，是以智慧為直觀，有所為，有所不為！所有的無為者都要深刻自省。」

這段話的高度與深度當下震撼了我，瞬間的曙光照進無量黑暗時空，成為日後我捲起袖子，重整家族，面對世界的基石。

帝王術與無為法並非對立的兩股勢力，而是彼此照見不圓滿的共願者。這個照見遍佈所有場域，包括左腦擅長的政治、經濟，右腦擅長的宗教、藝術，小自家庭，大至社會，處處都有帝王術張牙舞爪的痕跡，處處都留無為法壓抑悲憤的無言。

物質文明一日千里，精神文明卻原地踏步。現代人的心靈救贖，依賴兩千多年前，中外先知的隻言片語，在宗教化、形式化及不斷的口傳誤差後，最初的表達早已覆蓋殆盡。追隨者企求生命依歸，卻彷彿在迷宮花園繞圈圈，一時景緻迷人，卻永遠到不了最終的出口。

所有的初衷，在一無所有時清明可貴，在權勢聚集時僵化腐敗。多少現世彰顯的系統，包裝有多精緻，掠奪就有多徹底，可憐今生想繼續遁世的人們啊！連一塊沒被汙染的淨土也找不到，再怎麼向外張望，也沒有可靠岸的避風港。

炳宏以不可思議的本然，近三十年來形成五千本著作，是人類精神文明開創新局的瑰寶。若這個如無頭蒼蠅般，瘋狂焦慮的世界，能有一絲清醒，迎接這麼殊勝的內涵，那麼我們可以坦然的讓舊世界的意識型態解除，因為寶島台灣已經為地球的未來，紮下重生的根基。

真正的生命性閱讀，超乎休閒娛樂、修身養性、哲理思辨、宗教依託的有限層次。是為了不虛此生，徹底自主的生命大自在！暫時的抽離現世蓄積能量，大願終究要在一層一層入世的過程中具體實踐。

無為者起義，勇敢翻動世界，將是前所未見，一場心靈革命大展演。覺醒，一切生命希望的起點！這就是這一本書《第三覺醒》在這個世界呈現的關鍵所在。

推薦序之二

覺醒的心

阿娓

當我三年多前決意離開職場的那一刻起，我就決定要走一條以前從未走過的路，甚至，可能是現代人類未曾走過的路，我不清楚要怎麼走，心中忐忑不安，因為，既然未曾有人走過，就不可能有任何前例可循。十多年來的工作中，一直依賴著公司撐起的大保護傘，穩當的生活著，一旦離開了這個保護傘，勢必，我所能依靠的，只剩下我的「心」，因為，我也是一直依循著「心」的聲音，才決心要這麼做。

幾乎所有的人都不能理解我為什麼要離職，因為我原有的工作非常穩定，有不錯的收入與福利，職位也不低，與同事相處融洽，四十歲離開穩定的工作，在這個大環境不景氣，失業率節節升高的時刻，幾乎等於自尋死路。我的父母不理解我，親戚和鄰居也不懂為什麼一個好好的人突然放掉好好的工作不幹，每天在湖邊發呆，不知道在想什麼，甚至，四週還傳出我根本是被公司解職的傳聞，我只是笑笑，也要我母親別去在意別人說什麼。

我這種依著「心」而做的一切改變，決定不再依循世界的遊戲規則走，不再跟隨世界的既有價值觀念，甚至有想要放掉整個世界、超越整個世界的感覺，在認識陳老師之後才知道，我的這種心念，叫「覺醒」，叫「打破」，叫「出家」，叫「大捨」。

我的內在不將我引入宗教內，直接就在無常世界中讓我看清楚人世的一切生死輪迴慣性，雖然身在家，但是實際上內心的質變卻是真正出離家庭慣性、出離世界慣性的自我生命的變革與轉化，比起躲進深山裡「清淨的保護傘」下敲木魚，更是難能可貴，也避免又走進另一個系統的慣性和框架裡面。

第一次與陳老師見面，我們完全陌生，但他卻可以在最短時間內點醒我生命最深的地方、我的生命特質、我的圓滿與不圓滿、我生命的企求，聽著他的聲音，我的內在振盪不已，全身各個脈輪開始蠢蠢欲動。我依著我的心確認他，不需多餘的語言或任何辯論，更不是依賴任何的表面和名相來印證，即使剛開始我對他以及他的表達方式非常陌生。

但是，如果當初我的出離是為了給自己闢出一條從未走過的陌生道路，我又怎麼可能站在我過去舊有的識性框框裡面，依照過去的一切價值觀念和慣性模式來回絕他對我伸出的雙手呢？如果，我想要打破並超越我過去的一切認知，甚至是世界集體意識的認知，又怎麼可能依照我過去向世界所學所看所聽的一切經驗來識得他的存在呢？

我依著我的心、我的內在確認他，過去如此，現在如此，未來也會如此。認識他之後沒多久，我突然意識到，他是在門檻的另一邊伸出手來，幫我跨越門檻的一種存在，是一個已經了然生命宇宙奧義的一種狀態。與他互動一段時間下來，我發覺，當我對自己內在的體悟有多深，對自身的識性慣性放下有多少，對他的確認就有多深，他的威能也會相應我生命的深化轉化而在我面前展現多少，隨著我生命的進展與改變，他的存在狀態就更加讓我覺得深奧與不可思議，難以企及。

對我來說，他是一個我永遠都無法真正得知他真實存在狀態的一個人，無法以世界已知的任何語言、識性、系統、概念……來理解他。他似乎存在於此世代，但又似乎存在於一切處；他似乎不屬於人世，卻又活生生地以肉身形式在人眼前；他似乎平常如一般人，卻又超凡超聖超乎想像；他似乎與我同行，但又似乎在非常遙遠的地方等待著我。

我依著我的心、我的內在確認他，對他越是確認，我與我內在的連結也越緊密，對我內在給我的指引和提點也越能了義。

在未來的世代中，因為覺醒而出家——出離家庭慣性的人會越來越多，因為放下慣性而開始引動出內在力量的人也會越來越多，因為引動出內在力量而不受制、不落入世界一切無常的人也會越來越多，因為不落入而越來越清明了義的人也會越來越多，因為清明了義而開始解因解密解碼自己生命奧義的人也會越來越多；更重要的是，這樣在自己日常生活中不斷的輪動、洗滌、深化、轉化生命，而使生命恢復本然、通往究竟之路的人，在未來的世代，也會越來越多。

這一切，都源自於生命決心「覺醒」。

這一切，直接就可以在自己的日常生活中進行。

陳老師以一個已恢復生命本然自性的眼光，在其中卻又不在其中的向世間一切處張望，以精準的角度點出人類在滾滾紅塵中看不清自身生命的一切執迷。事實上，早在許多年前，這本書就已經完成了，《第三覺醒》在這個時刻正式出版，就代表因緣已俱足，即將要啟動「第三覺醒」的生命也已準備好了。

「第三覺醒，亙史以來生靈的最後覺醒」是陳老師點出這個時刻對所有世人的重要性，此刻，是「第三覺醒」的最重要時機，是引動出內在力量的最重要啟動，是生命恢復本然自主的最重要開演。

作者自序

第三覺醒——深遠廣大的覺醒

陳炳宏

人類自身的存在是深不可測的，這一點一直都沒有在人類的歷史傳承中被明確的點化出來，現代科技過度的發展，已超過人類靈性心智所能承載的負荷，這時候，就是人類進化自己最重要的關鍵時刻，《第三覺醒》也就在這個時候誕生出來。

這一本書《第三覺醒》有其神祕傳承的生命之力，來自生命最深的法流節奏，能自然自發的感應感動感召所有生命更深層的不可思議的存在，引動讀者在閱讀的當下，自發性的帶出感動感性的生命軟性革命。

當今舉世的文明是否能有進一步進化開演的機會，決定在所有人類在生活中一切當下的心念是否能覺醒、是否願意覺醒、是否在一切的取捨中選擇覺醒。若不走上覺醒，無法覺的人類這樣子的存在模式終將只剩形式，醒悟的人類才能真正的意會人來到世間最重要的根本意義，能「覺」必能「行」，世界才能進入不可思議的莊嚴之路。《第三覺醒》就是這一切引動生命力關鍵的切入點。

我們在生活中引動所有的覺醒，我們在生命中相應所有的覺醒，我們不在生命之外做無關於覺醒的事，我們在自己當世唯一的肉身身口意裡做深遠無上的覺醒畏因。多少年來，人類的歷史所劃下的血淚、生死苦難的爭戰，只有唯一的原因：整體人類的覺醒不足以消弭世代戰爭的累積，我們不能再讓歷史走上任何的爭戰。

「三」這個數目字，就是多的意思，就是表達世代的多數人已經有基本的成熟度走上覺醒的路，在每一個人的生活當下，這就是為什麼書名叫做《第三覺醒》的原因，就是深遠廣大、不可思議的覺醒，就是全面性的覺醒已經宣告正式開始。

無量劫來的準備，無不是為了在地球正法道場上在當下每一個人的生活中進行自身慣性的改革，開演內在生命自主的人生覺醒之路，這就是《第三覺醒》這一本書在這個時候示現的重要意義所在。

引言
第三覺醒

生命如蓮花般的自然喜悅。

寧靜的獨自省思：生命有如無量宇宙能量的覺醒，清楚在體內自在地分享每一個真實存在的細胞。生命自身的內在能量正無止盡地導引我，當下的本然與一切存在的生命舞動緊密契合如一。

如蓮般的靜謐源自生命主體清淨無我的自悟、自覺、自醒。

第三覺醒，無盡宇宙生命的根本大覺醒。

「覺醒」是通往認知真實自我的最究竟之路；而「三」即代表多數；世紀運轉已到了整體意識的必然之圓滿成熟階段。

如蓮花般的出汙泥而不染，是比喻三千大世界的一切生靈，歷經無量劫無名輪迴而茁壯於最極致染汙，成就生命無上尊貴的——莊嚴實相。

目次

PART 5 彩虹橋上生命的弦唱

PART 1

開眼

第三覺醒，亙史以來生靈的最後覺醒。每當宇宙的進化演繹到宇宙大我意識之階段，宇宙之內的一切生命「神在自性裡」成熟到「大自在意識」，必然匯聚宇宙最終極的圓滿任務。

第一章　大夢初醒

一、宇宙黃金年代

時代巨輪永不歇止地放開極致心靈，推展一切屬於生命全然自主的歷史必然抵達的黃金年代。

所有歷代存有於世間之生命反省大思想家們共同承認：生命的一切必回歸生命終極本源。而回歸於生命終極本源的歷程，即是人類蘊育於大自然進化的必然論證，將擴及至大我宇宙一體的階段。

回歸生命與回歸大自然是一體兩面事宜，智慧的引爆為的是令再造的生命能真實、安詳地完成於苦難紅塵。

縱觀一切生命史記，終極生命大成就者，必迴向於一切無盡界歷劫的生命，以同體大悲之無我無私大愛，企令一切尚未自覺於自己自性的生命，有朝時日當下證入生命實相，超拔三界之外，做個逍遙自在的徹底完美主義者。

二、永恆之愛

當人真正活在愛的純然感受裡，而不是為愛的需求而投入愛與被愛的行列，這便是愛本身的一種解決，同時也是一種宗教情境。

愛與被愛皆非愛之本性，人之所以需要愛人，乃因為愛人者不能以一己全然之力自主關愛自己，而有往外奢侈一種「愛到深處即死也無怨無悔」的癡迷。這種愛人的形式是「斷絕一切藉由愛的行徑所要納入生命系統，追尋自我的任何契機」。

被愛者，除非是已在愛情中大徹大悟之人，不然被愛毋寧是另一種變相的「生命侵犯」。人有絕對自主權拒絕不為自己生命所真正感動的外在情感投射。

情關勘破，紅塵萬丈也在三千里路之外，干我何事。

愛不應以需求為主要訴求，愛本身即是一種最具世間相的宗教情操。人在生活中執迷愛的因果而至死不醒，人在愛的相對你來我往紛擾遊戲變化中，終置自己性命於外。所以，愛唯有純粹於心靈的內有——將純屬情愛的一切內涵，不管正負兩面宜皆引入中性的「大圓滿正見」，如般若般地去除無明之愛的屏障。

人身處永恆之愛的任何可能裡，必須以無比的信念，發自生命最深處的認定，相信愛的本然，存在無量宇宙的運轉能量即是宇宙本身的圓滿主體。

任何對永恆之愛的存疑，無非是生命通往愛的自我試煉過程。

基於此大愛完美無缺的自主性，我們瞭解到愛通過人間的一切呈現於外的圖像，應該俱足一切的運行關係，而非是「愛人與被愛」相對性的投射外求之愛。

所有愛的行徑無不正是生命之愛的真正解脫，為一切情愛之所以在人間進行的唯一目的，人必須依恃此信念來締結生命情愛的「永恆之愛」。

三、零缺點

在整個人生窮盡一切際遇過程中，人不知道要歷經多少挫折、憂傷、無助，生命流浪於永無止境的愛的追逐劇情當中。

然而，在歷盡一切負面的滄桑後，我們開始了一種要求「近乎零缺點」的徹底醒悟，開始了自我重新定位的生命自清自律運動。

為什麼存在的「存有」本質永遠脫離不了一切生命追逐愛的永恆信念？即使此恨綿綿無絕期，人們總要在有生之年的每一世中消耗一切生命動能，苦苦尋找自己心目中最適切的愛的答案。

無盡生命之所以甘之如飴地轉世投胎，再度成為人身，其目的在再來之前的靈體之第八意識，存在的意念唯有愛的完成，根本不瞭解愛的完成其究竟旨在「本然恢復生命的面目」，輪迴再輪迴，仍然是與生命隔絕的陌路之人。

真正的愛，必然是心靈的充實與心靈一切不安恐懼的永遠解除。人必須有勇氣接受愛的完美性，不然，抱持懷疑態度所從事的愛之遊戲，只有使人永遠陷溺在不可超脫的自己玩弄自性的黑洞。

愛的完成只有一句話：「自己的存在就是愛的存在」。如實看待自己，如實看待一切生命，這個世界當下即是愛的成全。

四、解脫自我

當人在絕望的深淵，從事自我搏鬥的爭戰時，唯一能戰勝的是自己，唯一的失敗者是自己，唯一能從成敗相對立的價值系統解脫的，也是真正的自己。

全宇宙的存在，只有自己是自己存在宇宙間最大且唯一的頭號敵人。

很可能我們會在所有生存的最後希冀中，得到一絲最後的挽救。然而，是誰挽救了自己？是誰給自己一份最終的期盼？答案當然是自己。

有些時候，我們以為自己站立在世界的頂峰，有些時候，我們眼中似乎忘了世界除了自己之外尚有其他人存在，「宣佈世界死亡」、「宣佈上帝、撒旦死亡」、「宣佈自己是世界存在的最後」，我們完全捨棄生命存在的愛的完美信念時，自己就是唯一的假自我，必然會出現在人即將毀滅自我的前夕。

人的存在即是為了通往完美之路而在形式上產生人生的歷程，所以，人生的歷程本身外顯自我存在的不完美，然而所有歷程中自我爭戰的內容，正是唯一我們憑藉面對自我的最佳資糧。

五、醒悟

經由愛的覺醒，我們拓展了視野，超越了眼睛所能看到的界限，令自我完整進入醒悟層次。

醒悟可以「境界」理解。心靈一種全然的清醒狀態，如實觀照存在的所有可能，如實在生活的無限期盼與失落的心緒起伏裡，堅苦卓絕地綻放屬於生命真正動能的生命力。

經由愛的推動力量，我們必然在生活的關係運行中，開始感受到無法理喻的冒險、恐懼，與對未來存在的不安。生活本身負有將一切生命的性格障礙面激發出來的責任，所以，任何生活方式的存在，雖有不可預測之任何風險，因而導致外在一切的保障消失，但人們卻可因而獲得完整的人格、生命力、智慧及創造新生活的無限潛在力道——一種與宇宙力量緊密結合的永久保證。

愛就是力量，就是存在，就是一切。人生真正在追求一種永恆的解決之道，而重新教育自己去聆聽並信任自己內在心靈的有感音律，即是人們往內在宇宙建立愛的親密關係的第一步。

六、智慧的超拔

人之超越，不只是為了改善生活上的負面「惡」的行為，更重要的是善與惡皆為生命所共同超拔的對象。

惡的最深起因，源於自身對自我生命存在的未能認知。

生命之未能認知，其生活行徑無論其因果運轉如何，永遠會在心中對其結果心存不能完全信賴的疑心。疑心即會導致變動，心中的突然不安恐懼，無不是源於生命沒有安全感的自身問題，無知的投射在人生的人際關係上。

善本身仍不屬於生命的究竟義，善是可以隨心念而改變的，由不究竟的善形成的世界往往造成更大的人世悲情。

一般世人並不以「生命基石」作為人生的判決標準，而要求外在行為符合某種世俗公約的「道德規範」（一種共同私心的集體意識形態），當世間不可測之人生整體意識在生活時空變動時，既存的世俗公約規範皆可在一己私心的轉動而任意調整。

一般人並沒有永恆性的生命認知，當在世間一切流轉的「善」在時過境遷之後，被認知為「惡」者比比皆是；而曾經被認知為「惡」者，甚有可能被後代歷史平反為具創造性的改革意識。

所以，善惡終將為智者解脫、超拔。

然而，在探究生命一切終極的無限可能裡，善惡何以被某種生命的大自在力量能允許於世間並存？這是千古智者難題。

生命不在生命之外，生命只有當下的全然而已。之所以故，人生的真正目的就在於，以善惡的並存瞭解生命的真相即是以善惡的相對性體悟生命非善惡的全然性。

人們存在時空裡的每一刻當下，情緒的起伏，內在心海的頻率有所波動之時，即是人在當下進行面對生命要去瞭解實相的深刻懷疑。

人生必須要求一種智慧性的質疑，一種為生命之所以為生命的唯一企求，做無限尊榮的質疑。「朝聞道，夕死可也。」正是說明人生存在的目的在於瞭解自己為何來到世間的內在宇宙意識的根本要義。

七、把悲傷還給悲傷

在我們生活周遭，時常易被噪音所干擾。有些人講電話，其音波是強勢性的尖銳，已經引起當場其他人的不滿，其人自身卻茫然而未能省覺到。

在佛家說法是舌根不清靜。人由於未能隨時要求自己的心性，隨時在日常生活中處在處處是覺醒的契機，而習染世間固執、僵硬的性情，自己的真實竟被自己每天重複的無聊話語給埋葬了。

多少人窮其一生的歲月，為自己、為別人竟沒有留下任何一句對自己及別人印象深刻的語句。

人活在沒有任何創造性的生活裡，機械式的日復一日，問他們來到世界的目的，他們唯一能回答的是：一張茫然而不知所措的臉孔。

把悲傷還給悲傷，把自我還給自我。所有繫於宇宙之內的傳奇故事，絕對脫離不了宇宙本身自清自律的規則。

八、生命實相

假如我們內省生命存在的「全部」時，我們所遭遇的問題並不在「全部」的唯一定位應該存有怎樣的內容，相反的，對生命俱足「全部」的省思，取決於信心的問題。

為何歷經無數身心修持的考驗，其終究所要獲得的成果，並非是如何以某種語言公諸於世，而把重點擺在如何令自己的局部頓悟契入大宇宙的全部。

許多人修持到最後比尚未修持前的自我污染得還要厲害，其原因就在於用分別心試圖成就一種非分別心的生命情境。

生命實相是非語言的，凡能變為文字的形容譬喻，徒增人面對生命瞭解的誤差。

善用生命的有感來引導自己進入生命實相是最佳途徑。

第二章　看見曙光

九、奇蹟

人活著，即是在走一條永不可預設的——奇蹟。

奇蹟必須要有創造性的智慧。

唯有無時無刻不在自省的人，才是真正創造自己及新生活的人物。

人的自省是最尊貴的、無價的，能面對生命，在宇宙的生命存有中，是一項生命進化的奇蹟，是宇宙意志的終極關鍵。因為一切的智慧之所以能引動出來，其最重要的條件是：生命要能反省自己本身存在的問題。這是一切智慧開展出來的前提。

有智慧的生命才能運作宇宙的有形的物質條件，才能反省宇宙無形的不可說之密藏。而人活著，最重要的目的就是：走上生命反省的能力。人能反省才能定位自己在宇宙中的角色，人能反省，人才能意會有所變動的可能，才能創造新的價值與內涵。

反省的生命，是更能自主的生命，更能在覺醒的了悟中，意會存在本身的智慧。這就是人本身的存在，就是宇宙最重要的創造之奇蹟，這是人必須透過反省自己而所要覺醒的重點所在。

十、自然的調和

在西方，卡爾・榮格首創令人振奮的「女性」與「男性」說。內容要義是：男人有「女性」的一面，而女性有「男性」的一面。他與他的後學極有成就地運用夢境、神話與象徵男人與女人重尋自己遺失及被否定的部份。

中國的太極圖說也是強調世界的調和，在於陰陽兩極的調和。

長久以來，我們總以為男人是陽性的呈現，女人是陰性的呈現，以相對性的對立價值觀看待幾千年來的兩性關係。然而，時至今日，男與女的界限被殘酷地劃清界限，男女皆不能越過所有的設限。男女存在的關係長久存在抗爭狀態下，結果，生命希冀於兩性愛情的回歸自性全部落空。女人失去了自我，男人則忘不了生命之外的名利追逐。

時代的內涵永遠會推迫人們處理生命不明白之處，人類史上兩性的因果仍由兩性自己解決，而其解決之道在於認定兩性觀念的調整。

應該說，男女皆是生命全然的具體呈現，用一種中性的圓融觀念定位兩性的存在。

男人外顯陽性，並不代表就沒有陰性功能存在，反諸女性亦然。所以，今日我們解除所有繫於兩性的枷鎖，唯有將存在於兩性之間自我及相互的設限全然打開，視對方如己地把男女的存在改為同樣是人的存在。

與其改變對方來適應自己，不如調整自己，而對方自己會在自己的對應上自然而然地相應。

十一、想像的具體化

心靈中的一種想像必然會在我們實有的世界成就。

想像的本身是心念的藍圖、構想，我們必須憑良知為天地立下「真正的理想」。

人如果理想缺缺，其生活必定了無生趣。為何人是最易求變而又不敢變的動物？人很難理解，為何理想與現實永遠有差距？其間的差距是什麼？如何來彌補中間的空隙？用什麼方法最適合？

其實，心靈的想像是生命賦予人生最直接的「理想認知」。例如，人自己這一世人格上的最高標準是心中的想像，可是，人是否真能在一世的時間真正到達心靈企圖的最完善目標？人歷經一生的遽變，無不是為了自我完美形式的具體化。

內在生命的反省到哪裡，外在行為舉止的圓滿相也會跟生命內在的反省成正比的。

可惜，絕大多數的人，卻在人生半途中因種種挫敗理由，而放棄了自己心中的最理想自我，而徒令自己的人生永久活在是與不是的兩難之間，到最後，人生只是得過且過的無奈罷了。

一個對自己及世界尚存覺性的人，是絕不能允許自己的人生意義半點絲毫的不清不楚。

十二、新世界

舊有世界存在的一切文明內涵皆已不適用於未來新人類，此點在當今世界巨變世局明顯更疊中，變成不能更改的唯一事實。

新世界中，急於要建立在一種瞭解——一種發之於內在心靈世界的感動與信任。

新世界中的一切存在，其來源與其本質皆能廣大深遠與宇宙本質真實的「合而如一」，而一切生於其中之生命俱足比舊有世界更高層次的智慧，尤其是無限可能的創造能力。舊有世界本身被淘汰出局最主要的原因：存在舊有體制下的一切生命都會失去生命本有的創造能力，因而導致舊有文明的瀕臨瓦解。

創造力即為一切發展、推動的原動力，創造力更可視為宇宙能量的根本動能。

新世界的存在，我們必須在其中做一種覺醒時代的徹底省思——一種往內在心靈世界自動自發的覺醒。而歷經一切建立新世界的努力當中，與宇宙本然動能的真正結合，才是新世界真正基礎所在。

建立在大宇宙動能下的新世界，必然是人類心靈深處長久以來企盼的——永恆的理想國度。

佛家言之為「極樂淨土」。

上帝子民喻之為「天堂」。

然而在整個大時代進入新世界之前的應有準備事宜，應以「人類本身的既有存在是否可能在一定時限內，進化成與自性內在的宇宙動能合而為一」為主要條件。

人仍然是一切世界的唯一、主要的成員。

「新世界」的「新」字，乃就人類整體意識從舊體制覺醒而稱之為「新」的。

所以，新世界的人類，其人民是——人人都是宇宙大我意識的「性靈」。
人人都是全然的能者——自己生命的上帝。
人人不再只有佛性，而是人人原本就是生命本然的自我。
這將是新世界之所以要在我們居住的世間形成的主要原因。

十三、純然的生命召喚

當我們獨自沉思真正隸屬於內在宇宙純然的召喚時，我們必然驚訝察覺到，生命的必然竟然會是形成吾人日常生活中的「生滅」因果定律。

因即是果，果即是因，人生中的因果是互為彼此智慧的彼岸：你的對岸是我所不願，我的對岸是你所不喜的。一切誠屬生活中的起落，沒有不與宇宙的必然發生無限可能的互動關係。

個人有小我宇宙的圓滿，而個人小我宇宙的開啟絕對是與大我宇宙接通的必然管道。

個人小我宇宙只用自渡的理解來闡述，也是小我的生命奠定通往大我宇宙的根本條件。

大我宇宙的存在在我們日常廣泛的人際關係當下，宇宙可以是我們生活當中的老師、朋友、父母、路過的陌生人、愛人等，宇宙遍一切處無不是我們人生導引內在生命動力的導師。

當我們獨自感喟於宇宙的浩瀚時，我們必須明瞭真正不會孤單地被遺棄在宇宙之外的存有是——即時恢復人本然的宇宙動能，打破所有有限的時空，頓見日月星辰與我同在的當下一體之感。

我們是大我宇宙無始無終的完人，問題只剩下我們要在宇宙無盡的歲月中，相信自己的存有，本然就是。

十四、自己是宇宙

我感覺並信任我生命中的宇宙力量就是唯一的自己，以如此之心念成就日常中的生活，以如此之心對待所有形態的生命。

宇宙是生活，是道場，是生命，是演化，是人自己存在的一切生活與生命的存在與存有。生活的平常就是宇宙進化的當下，人生命所精進的，無不是宇宙本身意識的展現。

人就是宇宙，但，這必須透過生活的演變，但人的演變過程卻必須有反省的能力。生命是一種宇宙輪動節奏的呈現，在相應中，覺醒所有宇宙意志對生命存在重大的呼喚。

無量宇宙，無量靈魂體，無量生命形式，人是其中最終極的生命之存在形式，通過生活的覺醒，了悟人在宇宙中的根本責任，人必在自己的生活中反應宇宙終極的意志，而人才能恢復大我的宇宙意識，落實在自己當下生活的演進當下。

自己是宇宙的呈現，宇宙是自己會通的生命，所以，覺醒之中，了悟自己和宇宙交會的重要性，這是全然覺醒的重點所在。

十五、心靈力的恢復

如果，我們似乎覺得宇宙的建立是基於對舊有世界的怨恨而形成，那麼，我們將建立的世界只是世界的外在架構，而存在一切生命未覺醒的真正本我，並未自必然時限內恢復。我想，我們試圖改變的不是外在世界的表層變換，而應該是「真正內在不圓滿存有」的徹底改變。

而這種改變，更適切地說是——新世界應建立在一切生命的自然恢復當下。新世界本身的自然形成，毋寧說是——在一切生命恢復其生命的本然面目中，新世界也自然地適時恢復。

所以新世界本身早就存在在宇宙一切生命最終極的內在意識裡。（這也正好證明了為什麼人類歷經一切苦厄的真正目的，無不是真正在追求一種永恆的國度。）

任何無量分之一的外求心態理解新世界的建立是緣木求魚的，永不可得，即使因而得以建立的世界也只不過是歷史重演。

這一次即將在二十一世紀完成的新世界，必定基於內在心靈世界的自我省思，透過所有生命內在最深意識的恢復，而從人類內在的宇宙意識恢復早已無量劫前既已存在的最圓滿新世界。

新世界只不過是對不符合人類內在心靈所真正需求的舊世界持相對之論。實際地說，新世界毋寧說是新心靈力量所建立的新人生觀，我們不必將新世界理解成重新要再構建一種完全異樣的世界外型，而應理解為新世界的恢復是代表人類本身氣質從裡至外的重新翻修。

所以，調整世界的步伐主要在於調整人類本身的內在自我意識形態。

我們仔細深思存在於世界既有古往今來的一切問題，一切起落因果只要攀上人類的就會有狀況產生。時至今日，我們真正要改造的是人類自身的無知——無知於自己本身存在的真實意義。

所以，我們之所以要完成的新世界，乃源於我們之所以要完成自我的必然定律。

十六、生死的本來面目

周遭的人們不斷在生活的流程裡以生死試圖換取生死。

然而，許多人的生死是因為生命存在肉身的狀況已經腐敗，而棄之不顧，至於內在無生死限制的智慧靈體，則隨世間肉身的消逝，靈體本身則恢復其本然在大我宇宙中的正位。

人的生死只不過是因為只看到了有限的因果循環，人生活中的內涵取決於人自己內在心靈的內涵。人自己的「生死」是在平時日常生活裡培訓出來的，所以，生死之事根本上的自主權還是在當事者自己。

絕大多數的人平日的知見即非常淺薄，當然，自己的人生觀也是如此，可是，人又不免對生死恐慌，既不願也不敢面對生死，而自己又沒有能力解決自己生死之事，於是，生活的全部意義全來自外在的力量，最後自己的人生為生死所轉動，自己的存在本身則如茫茫然於大環境中的孤魂野鬼。

街上的路人皆如行屍走肉地處置自己的生死。有時候我們自己必須在面對生命的省思上痛下針砭——人因為不能解決自己的生死，而必須在宇宙的大虛空中，特別設置一處解決生死的道場，令一切生死不能自主者，有無量劫的時間面對自己的生死。

甚至，我們必須坦白地說，人的生死不能解決，因此建立了外求的物質文明世界。

有因果即有生死，以分別心生活，其人生歷程無非是生生死死的歷程，所以，真正所要去瞭解的，是以有限的生死徹悟生命本然的無生死的自在。

以生死悟見生命大宇宙的本然面目，這才是人生命的真義。

十七、大我之愛

人不見現世的一切時，自己的存在又在現世。人不願承認人自己的有限，承認自我本身的有限，乃人自身真正肯如實地瞭解自己的開始。如果，人自我本身的識己功夫根本沒有，人所要通達生命大我的管道根本上是一無所有的。

小我宇宙意志之覺醒，即是指個人自我的解脫，人自己必須以自己的存在本身做為成就一切的根本條件。自我的存有即是成就一切的著手之處，所以，我們直接了當的說——成就自己是成就一切的先決條件。

而如實承認自己的有限時，人方能真正肯去瞭解自己存在的缺點，當人真正能如實照見自己的不足之處，人自然能靜下心來去除個性上的障礙，進而找到人自己之所以會來人世間的方向。

小我的解脫是通往大解脫的必經之路，宇宙是一個大有的生命環境，它的存在在每一種生命最深沉的意識裡。當人自己通往宇宙限制打開時，人同時也了悟到，原來自己的存在即是大我宇宙如實的存在，而自己也就自然地適時打破小我的自我限制，一躍而進入小我與大我如一的真如世界。

人之所以有小我是人自己生命不圓滿前所需要有的依恃，人打破所有一切的時空，徹底瞭解到世界如一家的宇宙觀時，人對自己即一切生命的大我之愛，才是真正在世界展開的時刻。

第三章　回想世界的夢境

十八、打破的年代

我們仔細沉思，在我們存在的生活四處，充滿了繁複、層次要求、矛盾，與制約有關的道德規範。是否人性真的需要如此眾多的條文來控制人們存在的舉止？還是某些少數人本身在既得利益之後，只有自己不設限自己而成為自由者，而絕大多數在下位者，則被教導成為那些是而非是的道德去犧牲奉獻？

活在這個隨時會有生命危險的年代，活在這種人性基本尊嚴喪失的年代，人要求自覺的比例必然加重。我們必須為人的存在仔細沉思：人類既有道德的制定，是否真能帶給人性正面的助益？還是，道德本身的用意變成少數別有用心者獲取其私利的護身符？

人民必須有「智」，社會本身的制約，並非來自外在形式律法的定位，而應是基於人心的理性反思，本於初衷自然形成的默契。

道德本身是人面對自己之後，智慧性的生活創意，而非人不能面對自己之後，強加制定的暴力條文。

十九、天地志事

人能做的事本應是天地志事。

人因為不能用自己的信念令自己折服，因而致使人永遠不敢相信，人自己是天地之人。人們認真地在世間生活，可是，人們也永遠在心中對自己的存在存疑。

人果真的要在疑問的心情下繼續生活嗎？那是絕對不可能的，人自己永遠不能滿足現狀，所以，人自己便用不滿本身「革命」傳統的一切。

人的世界之所以非要有變革改變舊有，主要是為了去除心中那一份存在本身的疑慮。可是，一切的變動卻仍然驅除不掉心中的質疑，到底是什麼原因呢？

人果真能解除心中疑惑，唯有往內在的心性通徹生命本源，方能令一切質疑獲得滿意的答覆。

生命的疑惑，並不是在疑惑本身，而是人必須藉疑惑通往恢復生命本來面目的終極。

人的不可知並非無能力知自己及天地之一切，而是人自己以有限來設定自己及天地之事。人真有能力以生命之靈智通曉自己及天地之事，唯人自己不敢相信而已。而唯有人自己能突破一切知障而相信自己時，人方有可能於「信」之當下開啟心窗，了悟自己及天地之事的秘因，原來是如此的平常、自然、如一地存在著。

二十、自我的生命教育

我們如何在自己生活中檢視自己的生活是不是有意義呢？

當人開始在自己生活當中質問自己生活內涵時，人自己便已經開始在自己當下的生活中為自己進行一場生命的自我教育工作。

生命能自己教育自己，這種人的人生其生至死是不會有任何遺憾的。因為，人生最大的困境就是自我改變。

對絕大部份的人來說，他們的一生大部分的時間都活在痛苦的感覺裡。對他們而言，生活本身都是在接受大社會既存的「公約性價值判斷」，而當人們習慣性的，或者是在毫無其他選擇的條件下，接受了「公約性價值判斷」後，人自然就制約於所謂的「公眾道德」的規範下日復一日地過一種大家都習慣的生活模式。

當人們生活的本身只是制約在一種「非自我覺醒」下的生活時，我們必須很直接地說，這種生活本身全然與生命本然的自發性要求是全部無關的。

其實，人未能按照自己生命的自由意志來決定客觀的生存條件時，人即使令其擁有全世界，人本身還是痛苦的。為什麼人活在公約俗成的大社會裡是痛苦的呢？因為人自己本身存在的自由意志非但沒有機會在生活變動中茁壯萌芽，相反的，人在對自己生命尚一無所知時，人已經開始被他所存在的大社會，在他每一階段的人生歷程做一種非自己意志所選擇的人生角色扮演。

換句話說，人一生的每一個階段都被其他人要求扮演別人所需要的人生角色。人與人之間相互要求一種符合自己需要的人生角色時，人與人之間相互形成一種在彼此人生中痛苦與迷失的殺手。這也就是為什麼人類出現如此許久，人本身的問題並沒有因為物質文明的建立而有些許改善。

所以，按照自己意志生活就是檢視人生是否有意義的根本判斷。

二二、人自己的——撒旦

人不能向撒旦分期付款的。

撒旦在西方宗教意義上永遠被預定為「惡的能者」，撒旦的存在永遠被放在黑暗的一面。人到底是智慧的？還是愚蠢的？當人在自己存在的生活當中將所有屬於人生的負面全歸罪於撒旦時，人是否警覺到人自己的心性已是撒旦的化身？

人們都很容易對與上帝永恆對立的撒旦，興起敬而遠之的態度，然而人永遠不會去想到，人自己存在比撒旦更可怕的魔性——那就是人自己對自己生命存在本身的無知。

人因為對自己生命存在的無知，於是人對自己生命之外的撒旦永遠保持一份恐懼不安的心情。

若仔細問那些對撒旦恐懼不安的人，「撒旦」是什麼，他們本身也答不出個所以然來。人對生命之外的惡的能者撒旦如此戒慎恐懼，最主要還是來自對自己生命的「不能自主」所導致的。

人不能向撒旦分期付款，是因為人不能對自己生命的無知有絲毫的縱容。

人無知於自己生命時，人在其生活中的任何感覺都會有痛苦的存在。所以，人唯一徹底消除生命痛苦的根本做法就是——不向自己的生命分期付款。

對生命的反省，一定是當下面對，一次完成的。

二二、嘴角邊上的永恆

永恆竟是那麼容易被掛在嘴邊。

當人對永久的存在不再抱持一種由衷的思念時，「永恆」只不過是人們生活當中掛在嘴邊的附帶名詞罷了。

永恆不再為人們真正用於生命的一切企求時，人要求於生活的必然日趨於短視的私慾滿足。

當人不願再對永恆的存在尋求另一真理般的定位時，人只能夠在自己的有限的生活裡百般尋求生命沒有安全感的外在依恃。

永恆會在人性中永遠地存在——這正說明了人心靈世界要求的意義絕不是外在物質世界所能夠想像的。當人以為人的存在只是附屬於外在世界的物性條件時，人本身的存在將永遠地被自己的有限宣判自己的無知——一種無知於永恆的重要性上。

永恆真的是那麼容易掛在嘴邊說說而已嗎？當然不是。當人在自己生活領域裡自生活的痛處下手反省時，人愈對生命永恆地存在存有一種生命全然的大我之感。

人相信於物質世界的存在時，人便永遠不會體會到永恆之妙、永恆之美的存在是何等風情；人相信人自己內在心靈世界的自由意志，人對生命的全然之感必會令其人在生活當下體會生命的全然即是生命的永恆。

二三、人承擔了自己的一切

人生到底是肯定的呢？還是否定的呢？

人存在的本身是不是有其既定目的？如果，人生有其既定的目的，那麼通往目的的一切過程中，是不是對到達目的有助益的都是肯定的？還是有阻礙到達目的地的都是否定的？

如果，人生的目的不是自己可以決定的，那麼當目的地快要到達的時候，他人因有權勢、地位，而又把原先目的改變了，是否原先所有的一切努力全化為烏有？

我們必須仔細想一想，人生的目的到底取決於哪裡？人生的目的如果交由他人替自己取決時，這種人生態度是最不負責任的做法。

最不負責任的人生態度，其歷程與結果，將會是最痛苦的。交由他人取代自己的生命意志，人自己以為自己就不必對人生的一切成敗得失負責任，其實，人自己反而因此喪失了自己由自己生命意志去生活的自主機會。而人自己生命的意志是由第三者所操縱時，人自己的人生之否定與肯定勢必交由生命之外的人所決定。

人自己生命不能交由自己意志所決定時，人自己的人生歷程不能有一個為自己肯付出一切去努力的終極目標，人自己的一生也必然在肯定、否定中反反覆覆地漂泊沉浮。

生命朝夕間都宛如天空的白雲，終不知人生最後的目標是什麼。

生命主觀客觀都必須由自己的自由意志來取捨，這是人生貫穿肯定、否定最直接而有效的途徑。

人生的一切歷程，當人自己明白瞭解到，人生的一切都是人自己承擔的，人自己的一生都是真正地面對自己時，所謂的人生一切之肯定與否定都是人令自己更能往生命本源探索的驅策力量。

二四、人在大自然界的重新定位

似乎，在我們生活的時空有著某種不可理解的力量正逐漸向四方擴散，一種潛藏在人性最深一層的資訊試圖突破千萬年冰封的「無明」，將人對自己的生命動能真正在人建立的文明國度開展。

人類曾經以為以人的力量戰勝存在大自然的一切，人類於是用自身歷經的慘痛歷史經驗，明白地告訴人類自己：所有存在於世界的一切問題，皆源之於人對自己認知上的差距，導致人對存在世界（大自然）的誤用。

而人類本身存在的問題，就是人對自己理解層次的問題，人對自己理解的層次決定了人類進化所有可能的內涵。因為，真正推動歷史前進腳步的主導力量，就現存於地球上的一切生命體而言，唯獨只有人類存在本身具備的條件，才足以影響到人及人之外的大自然其他生命體的生死。

然而，就人類自處於大自然的存在時空而言，人類常仰望天際獨自沉思，人類面對大自然最大的課題：人類到底只是大自然界存在中，所有生命形態的一部份？還是，大自然界存在的生存舞臺，只是為了提供人類如此高度智慧的生命體而存在的？

大自然界是人類與其他生命體共同擁有的生命舞臺，然而，大自然史的發展至今卻有一絕對明顯的事理，那就是：人類接下來的「智慧判斷」將決定未來大自然界一切生命體的命運。

因為，時至今日的人類已經完全地應用人類的靈智，在大自然界建立了人類史上最大的共同文明，然而，人類建立的部份卻只是拿人類物質面的層次建立了以征服大自然而形成的與一切生命體成對立局面之國度。

於是，今日的世界全然是人類為主的世界局勢，也是人類空前未有的「生死存亡」之際。

當人類對自己與大自然及其他生命體，以對立之意識理解人在大自然界的地位、角色時，人必然下意識地認為：人之外的一切在大自然界存有的生命體都會在人類進化的某一階段，構成某種阻礙力量。於是，人類唯一能做的就是在人類被消滅之前，毀滅一切可能阻礙人類進化的生命體。

這種對立性的危機意識竟造成人類長久以來對大自然界的莫大傷害。所以，人類今日的省思，一方面必須重新思索人在大自然界最自然的角色是什麼，一方面人類在與大自然界中之一切生命體的相處心態上，也到了必須全面調整的時候了。

二五、人——大自然界孤寂者

然而，如何真正而有效應的解決大自然界中生態存在的最大危機呢？

大自然界一切危機之所以會發生，大自然界所有一切生命體，除了人類以外，即使組合所有人類之外的一切生命體對大自然界進行破壞，都無法跟人類在大自然界所造成的傷害相比較。

縱觀這一切人類的因果史，肇因於人類的無知，其果亦必然為人類自己來解決。人以自己對自己的理解層次，用在大自然界及其他生命體上，人之外的其他一切存在竟被視為「征服」的對象。

人所要征服的真正對象，是人自己本身存在的生命影子的問題。當人自己本身的存有內外在形象都不是人內在心靈世界中最理想的自我形象時，人內在心靈世界中真正的我會要求人在外在行為上的變動頻率反射到人的知覺上，令人自己在當下的情緒中，回歸到自身尋找人自己所要克服的問題。

而當人自己在面對此一人自我反省的工夫時，人自己未能消弭的個性障礙點，必然會往外投射到人之外的大自然之生命體，而產生了嚴重的惡性生命循環。人面對人類進化未能解決的問題，轉而投射在其他生命體上，而造成大自然界今日的生態不平衡。

而其惡性循環的結果是：如今人類必須全部承擔人類當初投射在大自然界其他生命體的身上——自己未能解決的生命問題。

二六、偉大的尊重

如今，人類已經到了沒有任何理由，沒有任何藉口再將人類自己本身來到這個世界所要面對的問題，再往人之外的大自然界之其他生命體投射。

換句話說，人類必須瞭解到，人類在地球的一切進化，已經演化到人類必須全然而徹底靠人類自身之力量來完成人類全體意識的共同夢想。

曾經為人類進化中造成莫大傷害的大自然界中之一切人之外的生命體，如今將會是人類進化史上最大關鍵的歷史見證人，因為它們曾經是大自然界生命舞臺上受傷害最深重的生命體。

人類必然要徹底從其他生命體受傷害的地方，反求諸己地尋找到人類全然以一己之力所要全然演化的著手之處。那就是人類必然永遠在人類生命最深地方記起：人類在大宇宙中最美妙行星——地球，造成了最大的空前生命體大災難，進而以全人類整體意識徹悟到：當人類能以全然一己之力納入當下的內在生命軌跡運轉時，人類也同時進化到對人之外其他生命體之最偉大而完美的尊重。

因為，一切生命體最終極之自我完成，當此生命體進化到某一成熟階段時，生命體從開始要自我完成到真正自我完成，其中歷程能不傷及生命本體外之一切生命的存在，那也正式代表此一生命體之內在真正自我完整形象，已經能真憑一己之全力不涉及主體外之一切他力而獨立自主地完成。

二七、中道的進化

所以，我們以圓融智慧仔細關照生命體相互之間善與惡的相互循環，我們不難發現到：

一切生命體相互之間的正負、善惡之循環，其間有一超乎此相對性循環的「圓滿共存圈」。

此一超乎相對循環的存在，不妨以「中道」的思維來加以理解。

當全人類的本我意識真正能全憑人類內在心靈世界的靈動力量來納入人類本然俱足的生命脈動時，人類至此在地球的進化才算是真正地進入「中性」的自我面對階段——另一起不涉及其他生命體，且人類在面對自己生命時不但不會向外投射傷及其他生命體，並能同時與其他生命體和諧相處。

二八、零污染

當人類在地球存在的生命進化到真正能不往外投射，全然在當下的時空立即納入主體最全然的自我面對時，人類也就不會再對大自然界及人之外其他生命體造成生命外射的傷害狀況。

此時，人類與大自然界之間的關係，開始扭轉人類在大自然界製造的負面效應。

人類於此方能真正瞭解生命與生命之間並非以征服來完成生命的自我完成之使命感，至此，人類必然重新思索人在大自然的角色與定位。

當人類從大自然一切存在本身遭受人類往外投射而形成的巨大傷害時，人類徹悟了人本身生命存在的自主之本然後，人類又該如何以真正的誠意回饋給大自然界——即一切存在的生命體，為他們曾在人類進化過程中承受了來自人類生命外射的污染傷害。

二九、人類生命完成——一切生命體之完成

當生命的進展已經到了用整體去看待生命與生命之間的階段後，存在於人類心靈巨大的能量，自然會適時地令人類恢復人類本然的自覺能力——一種自發性的、全無污染外射的純粹自我省納的系統。

而人類必須再用心思考：當人類進化到中性的、非相對性的生命理解層次時，人類與大自然及一切生命體之關係應呈現何種「相互效應」才是正途。

我們人類必須真正地去思索並傾人類最大之生命智慧力來解決此一根本課題，唯有人類真能將大自然及其間之一切生命體視同己出地對待，人與大自然及一切之生命體才能真正獲得長久的共生共存的生命循環。

因為，存在於大自然界的一切生命體，唯有人類是唯一能真正將生命內在心靈進化並落實到這個世界的生命體。而人類生命內在心靈的全然恢復，正代表一切生命體本身存在進化皆有其等同意義層次的偉大內涵。這不只是人類自身一己的生命體完全成熟進化之完成，也

是蘊育人類之大自然生態環境中，提供人類能基本存在地球的生物，一草、一木皆有其不可磨滅之功勞。

所以，人類的完成就是一切生命的完成。

一切生命體不管其外在形象是以何種面目生存在這個世上，他們的生命體之完成與人類生命全然之完成是如一、等同、無二的。人類唯有抱持如此之根本心推己及於一切生命體，人類的生命在地球所要完成的真義才有可能達成的一天。

第四章　獨醒者的超然清醒

三十、覺醒的孤絕

智者，生活裡唯一覺醒的孤絕者。

孤絕並非指跟生活裡的人群不相往來，而是指跟生活裡的人們在心靈上是超然的清醒者。

一般的人浮游在人自己沒有生活目的的時空裡，人們的生存本身最容易感受到空虛、寂寞，甚至，寂寞對現在人的生活經驗而言，是一種夢的壓力，是一種日常生活中以最忙碌的工作量來換取孤獨、寂寞感的遠離。

寂寞是這個世代人們極為普遍的人靈魂最深的孤獨與絕望。

「孤絕」跟「孤獨」卻不是相同的意義。孤絕是因為人的生命徹底清醒自己，在人群迷惘中，那一份超然挺拔的清楚，於是，自己雖然每天和多數的人群過相同的日子，在自己內在心靈世界卻跟其他人的孤獨、寂寞不一樣，人自己反而存有一份自在、安詳、從容的生活美感。

所以，生命的清醒令人在心的保持上和一般人在生活中保持了一份美的孤絕——那一種唯有自己能悟的生命之美。

三一、清醒夢境

我們到底在這個世上是為了追求什麼而來？

我們人自己總要有個理由，為自己來到這個世界做一個沒有遺憾的追求。殉道者為了追求他們自己生命中認為值得的真理，而被時代的誤解釘死在歷史的十字架。

就身為一個追求真理者而言，他們自己心中早已十分明瞭，追求超越同一時代人民共同認定的價值體系，其本身存在的行徑，就如同叛逆一般地被認定。所以，真理的追求者其在追求心靈世界中的真理時，對肉身的存在早已從容地釘死在自己真理的十字架上了。

人活在世上，總要找個不虛此生的理由令人自己能坦然地繼續活在這個世上。如果，人沒有可以令自己沒有遺憾的生存藉口，人自己本身的心靈將永遠處在一種空虛的幻夢，人自己將會是自己「最不易清醒的夢境」了。

三一、歷史的人性污染

冬夜的心情，人走在街道上，彼此的神情相互間都是冷漠的，毫無生氣地在街頭巷尾打發時間的漫長。

我在屋裡思索一種令自己清醒的生命問題：人對自己的主張是基於自己的需要而主張？還是基於大多數人的需要而主張？或者是兩者兼具之？或者是兩者皆不是？

有所主張，必然是為了某種狀況、某種需要，而適時地提供一套有理論系統價值的主張。

可是，如果一套再好的主張或理論，其主持者背後的心態，我們又如何去追究其動機、目的呢？

今日之世界，以民主口號作違逆民主知識者處處可見。今日之悲劇，乃在於人心之不可測，多少主義和知識體系，被有私心者以絕大多數人之利益為最佳藉口，進而為自己私益獲取最好利潤。我們必須冷靜地思索，許多事件背後的人心是定位在哪裡的。

人對自己的主張往往是可以跟自己的道德、良知沒有任何關係的。簡單地說，為了某種狀況某種需要，人可以依照實際需求而制定一套應景的理論或主張，但是，表面上的名目是給只會看到表面的人看的；其人骨子裡真正的目的則在這份主張的背後，其人的良知道德和其提出來的主張是可以分開來處理的。

如果，我們不正視這個問題，我們再好的改變時機都會因人民只著於表面或因應一時之需求，而令人民自己淪喪在極少數當權者的野心陰謀下，永不能超生。

三三、智慧的判決

人的一切作為是離不開他自己的心靈世界的。

當人民提昇人民自己內在心靈世界的層次時，人民對世局的變化自然而然會有不可想像的理性和智慧的判斷。

往往，人民最大的不幸是被少數人當作愚民來教育。

在上位者不願其多數人是有「智」之士，寧可令人民的存活本身如養豬一樣，在外在物質條件上發展；結果是人民有錢了，人民沒有了自己的人格。

因為，這些人民被教育成心中只有外在的世界是人存在的最主要目的。

人民於是以此外在物化的條件判斷人之外的一切世界，而對於極少數的野心份子皆以利益結合之，人民以為當政者的意義就是如此作為。

當人民的層次是外在物化層次時，人民本身為奴役，其不以為苦，甚至，告知人民他們是奴役時，因為人民未能自覺而遷怒告訴他們的人，認為受到污辱。

「養豬哲學」是傳統不令人民開智慧最愚蠢、別有用心的政治陰謀。而打破這種環境的，唯有提昇人民內在心靈能力才能揭穿這歷史的污染層面。

三四、整體之愛

每一種愛，當愛是全然地存在時，愛的本身就是一種宇宙的永恆之美。

愛必須是整體的存在。

唯有確定：愛的本身其存在的面貌是整體的呈現，我們一切的受予者才能真正納入自己的生命軌跡去體會那份大公無私的愛。

生命在生活中的每一種覺醒，那就是愛的本身。覺醒的愛，讓一切的生命在了悟中更深的了解自己本身生命本質存在的奧密，沒有覺醒的生命，是不知愛為何物的表相存在。

了悟的越徹底，覺醒的越根本，對生命本身的體會更完整，生命的能量引動在生活的愛，就是完整的生命之愛。其立基點是生命本質的完整性，是宇宙終極存在的覺醒之連結。能愛的，一定是通往完整自己的方向去形成，在覺醒中意會自己的真實，圓滿自己的真理，在本質的本然中進行宇宙最不可思議的生命本質的整體且完整的深遠之愛。

三五、生命之美

真正的美首先要在人自己內在心靈世界，完成內在心靈對美的當下定位。

到底「美」是對什麼而言呢？

美並不是對生命之外的存在做一種與生命存在本身無關的讚嘆！

美的省思是人為了對生命存在的體悟所作的內在心靈世界反省的最好呈現。當我們未能洞察人存在於宇宙、自身的定位時，人對於自己四周最美好的外在必未能以生命的洞察力觀照之。

世界之所以美，乃是人生命內在心靈世界美。

世界之所以不美，乃是人對自己生命之生死茫然無知所導致的。

所以，一切美的完成都在生命的體悟上存在著，這是亙古不變的真理。

三六、自我超拔的終極省思

人對大自然的覺醒，毋寧說是人對自己生命本身最好的覺醒。

今日的大自然早已被無知於自己生命的人類破壞得面目全非，大自然已非原來的「自己」，而當大自然存在一切付出莫大代價時，人對自己生命的反省還在摸索的階段，這是我們深感不安的地方。大自然本身之所以承受這些過程，是人面對自己生命修正過程中最大的受害者。

而生命的陰暗面在大自然界的身上，我們幾可清楚看到人自己生命的陰影。我們該如何超拔呢？我們到底應從何處超拔一種終極的可能呢？我們為了從大自然超拔出人自己生命的自我，大自然竟成為人藉之超拔的對象，於是，大自然被破壞殆盡。這其中的問題出在人不應在人之外尚存有一「被人類超越的對象」。

人類必須在反省大自然付出如此巨大代價同時瞭解到，人自己對自己生命的超拔是人對自己生命的終極完成，所以，人對自己生命的自我完成是人自己本然天生的職責。

對生命內在獨立自主地完成，人必將以一己之力全力完成。所以故，人必然沒有任何理由可以將生命的自我面對往外尋求另一客觀「被超拔之對象」，因為，人面對自己生命之完成，其所要超拔的唯一對象，就是人自己本身的存在。

三七、殉道者

不自量力者以為改變天地是一件極容易的事。

人的意識流往外求於世界時，人把對自己改善自我的功夫放置在與自己生命本體全然無關的時空裡。

於是，人自己變成了天與地之間的殉道者。

我們常常誤以為身外的事物本身的存在是件極自然的現象。越令吾人在生活中視為自然的不起眼之事物，越是吾人平常最需要放在自己心靈自省的地方。

事不在大小，而在於人自己能從中體會多少。我想真正要引人入勝的重點是，人必須從生活極平凡之事隨時都能省察出極不平凡的內在心靈智慧。

人還是必須把自己克己的工夫放在人自己平常最不在意的生活細節上。

人生的危機就在我們四周。

人往往因為不察而失落了自己的靈魂，人的得失在生活中體會「無得失」的中道生活哲學。可惜，絕大多數的人竟不自量力地真以為人自己真的可以改變天地的一切，而忘卻了改變自己才是天地間的第一等大事。

三八、心靈十字架

為真理犧牲的人是與真理對應者——等同當下釘在自己心靈十字架上。

真理本身即是中道性質的呈顯。

真理的中庸之道存在於任何對立的立場之派別，也不隸屬於一切有分別心的立場系統。所以，我們真正預設於一切的知見，其本身都是在不斷的否定、肯定中省思真理的判斷。

我們無從依據於人世間多變的價值體系時，人的心智因此未能在生存的適度因緣上，開展對人本身存在最有助益的反省。

而回顧人歷經的歷史軌跡，人類自己還有多少時間？而在有限的時間裡，還有多少機會去創造足以真正改變人類的符合人性真正需求的大智大愛？

三九、當下的永恆藍天

當下存在我們生活的四周，我們每一時空的念流都在人存在的傷痛做一場永不回首的見證。

而每一個人自己都是自己生活故事裡唯一的見證，唯一的編導。

無知於自己人生的人，是將自己生生世世活在「跟著別人的感覺走」的生活泡沫中，失卻了自己的心志，忘情地在五光十色的人與人之間的短暫熱情裡，追逐一種永遠不能實現的外在自我。

於是，自己成為自己心靈十字架上的製造者，為自己在生活中假造了無數情緒性的語言，是謊言也是自欺欺人的虛無世界，而自己則是在虛空中架構的幻夢裡唯一的主角。

當下的生存本身即是無數生死的面對。人在自己的生活當中演活自己人生各種可能的角色，可是，人還是有其根本不能解決的問題，那就是，人竟是以自己人生最愛的角色來扮演自己人生性格上最需要解決的個性障礙。

在五光十色的紅塵世界，無不是為了尋找自己的心靈世界真正的一片天空。

是的，窗外有藍天。然而，在人內在心靈世界的藍天才是永恆的天空。

我們試圖尋求心靈世界內的當下永恆的藍天，我們自身是否瞭解，自己即是自己人生中內在心靈體悟修證的唯一見證。我們就必須將所有屬於人世流轉的過程，不分內外地全納入自己生命運轉的系統。

當下的自己即是永恆的自己。

演活自己外在角色的時候，有可能是對自己未曾有任何瞭解的人。因為，他瞭解的可能只是情緒性的表相之我，而純屬於生命自然生發的真我卻在各種情緒的變動中淹沒了。

人要真的納入自己體系感受自己的內在心靈世界，人真的要能全然瞭解到：所有外緣的流轉最多只能算是生命某一歷程的參考，亦非將外緣當作真正的自己。

體會全然的自己，就是人自己開始體會生死是什麼的時機，一切生死不過是自己的存在之相罷了。

永恆在生死生滅相背後的體悟，生命的全然在當下逐一呈現生活中時，人自然同時體會超拔生死，打破一切時空的生命全然之我——即永恆當下的藍天。

PART 2

向一切處張望

來到人世間的一切，穿透不可預設的無常，經歷無數的人世假相。

自己用一生的時間，向生活的一切處張望，無不是為了對生命本身必然的禮敬，無不是為了覺醒超越所有的經驗，走上存在的本心與本然，祈求真理了悟後覺醒力量的湧動，鬆動原有世界的累積。

能改變的，能反省的，能進化的，覺醒的新時代，讓每一個人一生向一切處所張望過的，都能夠在有生之年成為自己生命自主的願景。

第五章　穿透人性與世界的假相

四十、真理的販賣

有些人一時為了當下某種生命的感動而誤以為是當下對真理的了悟。人沒有真正願意為自己的生命之根本瞭解做最徹底面對前，人只不過是人自己的人生浮雲罷了，而絕大多數人的存在，只是浮面生活中情緒上的存在，他們只會在表層的理念追求一時的情緒效應，為某種類似真理的片斷情節而流淚，而這種情境往往只不過是人個性上的障礙。

其實，人存在本身的最愛，還是人對人自己存在的終極好奇之情，可是，絕大多數的人卻不肯也不敢花一生的時間去追求對自己人生的好奇，人對最後存在的答案是最想要知道也最不敢去知道的，於是人只有在自己的生活中用「類似真理」的外在飾物，表示自己不曾對自己根本存在的真理忘卻。

當人以「類似真理」的外在偽飾自己時，人同時也對自己生命的真理喪失了追求的能力。

為了令自己心安理得，於是，人販賣了人自己在真理追求上的最後權利，至此，人的存在必然淪落在喪失自己靈性的物化世界的惡性輪迴當中，追尋一種永遠未能真正清醒的海市蜃樓的美夢。

真正為真理的追求下過生死心要去明白的人，我們從其平常的生活態度中得知：真理本身就是自其人生活中存在的。

因為，真正真理的追求不在一切處，而在其人生活當下，對自己發出生死決心要去追求的體悟中。人必須在自己生活本身的困厄中去體會：真理的存在是在生活的困厄處反省出來的。因為，人本身以為的困厄其實就是人生生命的實相。

我們以自己人生的價值判斷而組合出所有生活的內容，而我們一生的生命也在其中流轉，所以，人生所組合的一切都是由人自己的觀念所決定的。而人如何在自己組合的人生流程中真正為自己的存在訴求終極的歸宿？那就是依止於自己反省的「真理」，是人為自己組合的生活記下最徹底的反省。

四一、虛無的註腳

「一切是虛幻的」，有人對自己生活的哲學理念做下如此虛無的註腳。

當一切的存在都在變動時，我們每一個人都面臨改變的命運。

然而，大部分的人自己的命運卻是被他人所決定的，這也是為什麼存在的本身對許多人而言是無趣的人生。人追求的還是希望擁有每個人自己的一片天空，期待天空的主人是唯一的自己，可是，事實與期待卻往往相反，許多人對自己的存在本身長久處於未能以自己意念決定人生任何變遷的可能，他們永遠保持自以為是的「冷靜」、「客觀」，永遠不敢為自己的步調做出比別人更堅決的決策。於是，其人生的變動機會便會逐一消逝在自己保守的價值判斷下而錯失良機。

當然，這些人只有等待那些真正歷經一切變動磨練茁壯出來的人物，去牽動影響他們的人生命運了。

四二、撒旦的傳說

關於撒旦的傳說，撒旦到底是存在的，還是非存在的角色？

或許，撒旦只是上帝為了令人恐懼上帝的威權而另外附加的負面角色。

或許，人只有透過對撒旦的理解，人才能理會上帝存在的可貴。

可是，撒旦是一則古典的傳說？還是真有其人其事的生存在人們的心中？

我們人如何去認知存在人們心中的撒旦呢？事實上，又有誰真正願意承認自己心中的意念有撒旦的成份呢？

人最難的就是面對自己，更何況是將心中的撒旦徹底的消除。

我們可以基於藝術角度欣賞歷史有關撒旦的戲劇角色，可是，我們不能絲毫地姑息存放在我們心靈負面的「撒旦」。生命之外的撒旦可以用浪漫的情懷處理，然而生命本體的撒旦卻是我們人生生死所在的地方。所以，撒旦的問題可以是人生活中的一則身外之物式的小品味，然而對於飽受人生污染的人士，有關內在心靈撒旦的人生話題，他們必將視之為根本解決生死的良機。

四三、對自己宣佈死亡

當人們的生活只有為自己莫名其妙的生存而工作時，人們對自己來到這個世界的「靈動之省思」業已宣告全盤放棄。

我們誠懇相信在人年輕的時候，人對生命的存在存有一份理想式的信念，也曾用自己的年輕果敢地追求生命的疑惑。

為什麼當人們歷經現世的打擊後，人對天堂的存在不再存有任何可能的幻想？人不再對永恆的理念抱持任何的希望？

於是，人唯一在自己往後的人生中能存有的觀念，就是徹底地不再對現世挫折的打擊抱持任何的希望？上帝被人們在現世的存在裡「宣佈死亡」，永恆永遠地被人們放在心靈最無奈的深處避而不談。至於，人對自己生命存在的反省，人只有在自己生活的挫折裡，以情緒的語言、動作發洩生命的掙扎，令自己的心志永遠枷鎖在地獄的領域，做自己生命的遊魂——這就是現代人現代生活的最佳寫照。

四四、偉大的時間

偉大的時間不斷在人及一切存在的生命體運行，偉大的時間必然會創造出每一時代最偉大的心靈。

偉大的時間本身就是被具有先天感知能力的生命體能覺知。

時間的存在是因為生命真正的存在而存有的。

時間本身並不在乎時間的有限或是無限的理解，然而，世界有生命體之存有，生命體各以自己生命之存在需要而預設他們自己的「生命時間」。

偉大的時間是所有生命所必然共同預設的對象。

時間的存在是因為一切生命的存在，而形成一切生命體本身的生命史。所以，時間的存在真正的目的是令一切生命體體會，生命體自己本身在自己預設的時限內，完成各自生命系統的「進化」功課。

而偉大的時間之內因生命體進化之需求，而在時間的創造過程中，運行出偉大的生命心靈，正是代表全體生命體在某一階段的靈性大躍進。

偉大的時間是因為有生命體之存有而偉大，而偉大之心靈正是生命體善用時間的根本誠意，生命體的存在正是時間偉大存有的最佳例證。

四五、原罪

世界用來引誘我們的方法很多，而人具備被引誘的條件是無時無刻當下存在的。

人能接受惡的引誘，真正承受引誘之後，人的心力到底又能存在自己良心罪的負擔多久呢？

人沒有了自己的心志，人於是接受了世界惡的引誘，接受了自己成為自己心志的唯一罪人。

而世界之所以會引誘人，乃是世界本身早已被人的惡所污染。

所以，人污染了這個原本清淨的世界，而人自己的子子孫孫卻被自己所污染的世界引誘，而失去了自己的心志。

人因為沒有誠意面對生命，人變成了污染這個世界的「原罪之人」。

四六、關於人性惡魔

關於惡魔的存在，即是一部關於人性惡的存在。

宇宙之內之外沒有比人性之不能反省更惡的事了。

人犯下的一切行徑，都是在放棄自己的心靈世界的基本責任之後，而開始在這個世界——地球——進行犯罪的事情。

「犯罪」就是在生活中犯下違背自己心靈意志而屈就於現世的行為。

而人對自己最大的罪惡，就是人對自己宣佈放棄對自己生命的清楚。

第六章　超越世間的一切本心本志

四七、宇宙孤兒

宇宙的存在是可以原諒一切的一切。

而在一切宗教的絕然裡，唯一全然的宇宙也不能原諒的罪惡就是——對生命不再反省。人不再對生命自動自發地反省，等於宣佈了宇宙存在的本身將永遠被人的心志所遺忘。屆時，人將永遠成為宇宙之外的孤兒，這是天地運行最大的不忍。

然而，這種宇宙內在心靈的自我教育，卻被人自己在地球的生存歷程中，徹底地放棄了人存在於宇宙的應有的自我認知。

而人自己變成了人性惡魔的兇手，人放棄了自己，放棄了宇宙，放棄了永恆，放棄一切自我的認知，而人讓自己永無止境地輪迴在一切生命之外無關的事務，追尋一種永不可能的惡夢。

這也正是說明了絕大部份的人，擁有了世界，但自己還是痛苦的原因。

四八、信仰自己

真正的信仰來自對自己生命的清楚。

迷信不過是無數對自己生命無知，而依恃於偶像崇拜的執著。

迷信是一切與生命無關的宗教信仰。

而對於想要在生命的存在上獲得真知的人，他們瞭解忠於自己生命的原味正是對自己產生信念的第一步。

信仰毋寧說是對自己生命的信念，唯有對自己生命清晰而產生原動力與自信心，人自己就是自己最好的信仰者。

四九、生命筆記

不為生存的無趣記事，動筆記下一切真正跟生命有關的反省。

我的良知清楚地告訴我：世界的運行真正方向在人自己的內在心靈，人沒有反省自己的能力，人就沒有瞭解世界運行的可能。

人沒有瞭解世界運行的能力，人必然永遠不能在既有的世界，真正去定位自己的角色。

生活的本身每一刻都必然是生命當下省思的契機，對於生命的反省其本身是沒有時空可限制的，每一種當下都是人對自己的生命記錄。

而身為一個寫作者，一個生命沉思者，對於一切存在都是納入筆記的對象。

生命的記事對自己及存在的一切生命體負責的真實反省內容。

五十、倫理的陷阱

倫理講究的是歷史應有的傳統禮儀，而往往能在歷史被評選為偉大的人物，偏偏又是那些打破傳統倫理之人。

倫理是可以改變的。

固守倫理的人必然是阻礙時代前進的人。

以倫理為理由而行違背倫理之事者，在歷史上處處可見。

倫理應以有機生命體看待之。

倫理是社會的規範，而社會的制約，應以「人本」為主。

倫理不是用來限制人性的發展，倫理是用來提醒人不要被自己僵化在歷史的陳舊規範裡。

五一、生命的事業

活著就要在有生之年做一些一切人未能做的志事。

而在宇宙之內之外，最偉大的志事就是「生命的事業」，生命的事業是一切存在的根本事業。

有些人一生中只能涉及有關生命表相之事，有些人無盡的人生為的只是去明瞭一些有關生命的好奇之事。

而今日世局，已經很明白地告訴當今世人，一切人都必須為自己的人生做一些真正的生命事業。因為，沒有人能脫離這個苦難的世界，沒有任何生命體真能逃脫面對世界的大改變。

既然，生命體都會知覺承受屬於生命的苦難，所有的生命體自然在生存的當下，為自己的生命留下真正的生命內涵，為自己的存在不留白地記下屬於大時代一切生命體的事蹟。

五二、人即宇宙

時代已經走到一切生命都不分你我的階段，大宇宙的時機已經成熟，剩下的是如何在人的世界真正地完成宇宙應有的運行事情。

人之所以在宇宙是俱足一切的德性，乃是因為人的存在其內在心靈之智慧，為的是在宇宙運行的成熟階段，以人進化的過程來代表大宇宙進化的過程。

人的存在之所以必須將一切的苦難加以反省，因為，人的苦難正是宇宙有機體運行的問題所在。

人如何解決人生的困厄，正是人如何在人生的困厄中真正去體會宇宙的內在精神意旨。

人的存在正是一切宇宙的存在。

五三、人宣佈上帝已死

人宣佈上帝已死是有其人對人自己在宇宙內外重新定位的含意。

上帝的存在其實是人加以定位的，上帝本身如同天一般是沉默無語的。

上帝下令對自己定位。

而自己之所以在歷史的反省中，定位上帝真正的目的，是人透過對上帝的定位，真正的要定位人自己在天地之間的角色。

人在天地間的定位反省，代表人對自己在宇宙定位的反省。

既然，人敢宣佈上帝死亡，人必然有能力對自己在宇宙的地位為自己合理地評估。

宣佈上帝已死，正代表人在宇宙的反省，真正不再假人之外的對象來看待人自己，而開始以人自己的存在反省人在宇宙所有可能的角色及定位。

五四、自己是真理

於是，智者不必再為上帝的存在而成為時代下的殉道者。

真理在人之外而存在，必然會有智者不幸為生命之外的真理而喪生，這是可悲也可笑的事件。為時代喪失智者而可悲，為時代發生如此可悲之事而覺得可笑。可笑乃是不值得的為此犧牲時代的智者。

真理在生命之外定位，上帝是人生命之外真理之代表。

上帝既然為人自己宣佈死亡，真理的追求必須納入生命之內追求。所以，真理是人自己的存在，人必須在自己存在本身追求自己真理的下落。

當上帝已死，就再也沒有生命之外的真理了。於是，人再也沒有任何生命之外的真理當藉口。

而時代再也不必有智者為生命之外的真理喪失生命。

五五、克服自己的敵人

上帝已死是人真正為自己沉思的開始。

人必須為存在本身而沉思。真理只有自己可以找到，而沉思自己生命的真理，則是自己人生真正的課題。於此，人是自己最大的敵人。

我們會對一時的敵人懷恨，可是當恨的情緒改變時，我們外在的敵人已隨我們的情緒而改變。

我們開始為自己沉思：

上帝是人自己宣佈死亡的。

那人就是自己的上帝了。

那人就是自己生命的真理了。

可是，當人必須真正克服人自己是自我最大的敵人時，人才能宣佈人是自己生命的上帝。

所以，摧毀自己人生的負面，為自己的一切存在以生命的力量為自己沉思：

生命的終極就是體會生命的沒有終極之事實。

而生命敵人的解除就是不再往外尋求生命的真理。

自己的存在就是自己生命真理最合理的答案。

五六、生命無結論

存在本身不必有結論。

生命有無知必有無知的結論。

任何的結論都會被另一種結論所質疑。

存在的本身是否真的存有，真正的途徑是人自己存在的本身——是否恃於生命的真知。

無知於生命的本然，既無知於一切生死的存在，而下一切存在的論證，皆與生命無關。

真知於生命者，無語。

無知於生命者，為自己的人生觀下了無數的結論後，生命還是在生命之外存在著。

所以，生命不是用來放在某種論證下判決的。

五七、生命的語言

真正的語言應以「非語言」來理解。

非語言並不是不用語言，而是用生命當下呈現的語言，其語言本身都是有關於生命的表達。

一般人說的通俗語言，是和生命無關的說話，一般的說話都是沒有沉思過的平面話。生命的語言，是人真正用心去反省自己之後說出來的語言。而一般人在生活中的溝通，其目的和動機並不是為了清楚生命而用，一般人用語言只是為了某種生活上的私心而已。生命的語言——只要其目的和動機都是為了生命的清楚所作的溝通，都是真正在說生命的語言。

五八、無預設的沉思

不為什麼沉思而沉思才是真智慧的沉思。

有目的的沉思，其結果是有限制的內容。

在我們既存的世界，進行的都是在有預設的目的下沉思，其結果卻限制了人自己的心靈。沒有限制的沉思，才能真正產生沒有限制的智慧。

當所有的人付出最大的代價去沉思時，人往往只有放棄人所有的沉思，因為，人對不預設的沉思存在人自己都不能理解的不安全感。

人無法以有限的思考方式去理解，無預設的沉思才是真正令人進入全然生命體悟的唯一方式。

第七章　心的力量開始湧動

五九、瞭解自己就是自由

和心靈接觸是令人成為真正人的最直接途徑。

心靈本身就是人生命內容存在的有機體。生命的有機體就是我們的靈體。

我們要求自由，為什麼我們人會在存在的感受上要求自由的意念？「不自由毋寧死」，歷史上為了爭取自由而付出生命者比比皆是，人建立了近代文明社會，然而人本身的存在感受卻更加地不自由了。

人類追求自由的方向上全錯失了道路。

人今日追求的自由是外在物質的自由。

人真正要追求的是人內在心靈的自由。

自由並不是指人可以任意地使用大自然的其他生命體之存在。

真自由是指人性的枷鎖全然的解脫，心靈不受制於有限肉身的影響，人才真正有機會體會心靈的自由是什麼滋味。

自由無他——自由是因為人對自己的瞭解，而懂得不被自己所限制。

六十、活出真正自己

人活著真正目的是為了什麼？

人活著真正的目的就是為了——活出真正的自己，此外無他。

人真正的目的是對自己的叩問：來到人世是為了什麼？為了別人的什麼？為了自己的什麼？為何來到如此這樣的人世間？怎樣的自己要怎樣的去面對？

能懂得叩問的自己，才能去意會生命本身是需要去問答的，因為能問的生命，就能夠主動的去找有關於一切生命的答案，在從各種層次的答案中，尋求相應的答案，這其中就有辦法對待出生命取捨的能力、判別的能力。這樣子的生命進化都是來自於生命能問能答的對應。

能問能答，就能夠進行生命學習的能力，能學習，就能夠在反省中進化為各種世代文化文明的時空，活出生命本身真正的自己。而這一切最深的關鍵就是：當所有的進化到某一個成熟度的時候，也就是生命真正覺醒自己本身在宇宙的根本定位，活出在宇宙靈性中的宇宙大我的意志。

在生活中，活出真正的自己，在生命中，覺醒生命的本質，而活著所覺醒的，早已是一種俱足一切的生命的問答，一切生命早已是自己唯一的生命的主人。

六一、宇宙秩序

當下將生命反省傾全力投入無盡宇宙的運行中。

傾全力去完成人在宇宙中的覺醒，是人在生活裡唯一的目的。

每一個人每一天在每一種生活可能裡，為的是存在本身尋求各種可能的目的。

而人自以為是的目的用來作為遺棄自己生命的工具。

唯一真正令人能無悔地活在宇宙的大我的努力，那就是在自己的生活中體會自己的宇宙，並與大宇宙的秩序合而為一。

宇宙的秩序有不可思議的輪動，展現在人對自己世間的態度上：人怎麼活，宇宙就怎麼存在。人的生活已是宇宙無窮的運行，人的每一個當下，就是宇宙無窮盡的當下，人在生活的反省中，覺醒所有宇宙的奧秘。

六二、哭泣的戰爭

活著的本身無不是在對生命做無盡的吶喊。吶喊有什麼用呢？人本身存在的問題未能在時代的預定時間內完成，人只有用戰爭的方式來解決生命的問題。

戰爭是人對生命無奈最大的哭泣，然而，人類的歷史在歷經一切戰爭之後，人類並沒有解決任何的生命問題。當人一再重複歷史的事件時，人只不過活在人自己累積的歷史陰影下。人並不能因為自己能感受自己活生生地存在人的世界裡，而忽略了生命的真正存在。歷史都是人用生命去累積的，歷史的問題都是人的問題。所以，活著的本身不只是為了歷史的問題得到真正的解決，也是在一定的時間內等候一切生命的終結。

六三、用生命生活

用生命的真理去生活是人真正要建立的人際關係。

現代的人際關係是建立在人性問題上的人際關係。
現代的人活出沒有自我的社會，人與人之間沒有生命管道可聯繫，人與人之間只有私慾可以溝通。
而在街上說生命真理的人，竟會是時代的瘋子！
我們必須為時代的現代化診治：瘋子是誰？不能與生命結合的生活，其本身沒有任何存在意義可言。
真理就是按照自己真正感受去決定生活內容，用生命去生活是對這個時代最真的諍言。
而沒有生命作為基石的內容，其生活是完全沒有進化的生存。

六四、心的覺醒

往內在心靈界尋求幫助我們解救人生困厄的助力。
內在世界的靈動力就是我們心的靈魂。
我們必須在人自己的生命方程式內真正地解放出自己的靈魂。
我們的心就是我們的生命的自家主人。
請我們內在心靈世界給予我們自己真正的心靈力量，唯有以自己的生命作為對自己生命力量的換取，人自己的內在靈動力量才會在自己對自己的生命誠意下甦醒過來。

只有自己才能真正令自己心的力量覺醒。

六五、最後的依恃——心靈力

我們根本不必夢想在生命之外藉助他人之力來覺醒自己內在靈動力。

活著，就是為了生命靈動力的覺醒。

我們要覺醒靈力的地方就是在我們生活的地方。

而靈力的恢復是沒有時間空間的限制。

任何有預設的都不算是靈力的恢復。

活在這個世界，到最後，每一個人真正能憑恃的，就是人自己的靈魂力量——一種真正和宇宙合一的大我力量，作為覺醒世代新人類應有的人格條件。

六六、悟在當下

存在本身不能有任何心靈不對的感覺。

內在心靈有不對勁的感覺就是人內在心靈世界管道不通暢，這正是代表人生活上有觀照不到的地方，也代表了人自己內在心靈尚有負面的狀況存在。

任何內在心靈不對的感覺，正是我們人自己要自覺的地方。

我們不能用一般的認知當作是一種情緒波動，而失去自我了悟的大好時機。

悟在當下，悟在人自己的有感之微細處。

第八章　鬆動世界麻木的筋骨

六七、愛自己的愛情

愛情是什麼？天地間有愛情存在？
愛情是因為世間男女生命問題沒有解決而有愛情這兩個字眼！
愛情到底是在愛什麼？
一切的存在都在變化。
愛情求的山盟海誓如同在追求一種生命永恆的感覺是一樣的。
人在愛當中體會人是有情的生命體。而男女之愛是借情愛來解決生命不明之處。

能悟生命自然能懂世界上一切情愛之問題。

愛情真正所要愛的只有自己而已，只是沒有人願意去承認這一點罷了。

六八、情緒愛情

愛情被宇宙的運行允為人世間最具生死流轉的人際關係。

我們可以在愛情的生死當中，體會大宇宙本身置放大愛於男女情愛之間最微妙的聯繫上。

然而，世局的變動令愛情存在的本意早已跟宇宙的本質沒有任何實質的意義相連。

今日的男女之愛只有短暫的激情，一種往外尋求一瞬間的感覺享受，愛情不再是生命的完成，愛情存在的只剩肉體與肉體間的性慾遊戲。

人拿自己的情緒玩弄人與人之間的感覺，而真正必要納入情愛所引發的問題卻為大多數沉溺情愛者所故意視而不見。

六九、結婚證書——合法賣身契

結婚是男女結合在現世盟訂的一種契約，現代人的結婚證書有如一張合法的賣身契，用社會公約的制定將兩性的結合合法化。

今日的合法化是外在行為的承認。

可悲的事實是：今日兩性的結婚都非基於彼此對自己、對對方生命的認同而結合在一起的。結婚再離婚，離婚再結婚只是現代人自己對自己生命不清楚的另一章罷了。

現代兩性的文明，是極其可悲的虛幻文明。人與人沒有親近的感覺，而婚姻關係往往是建立在外在形勢的需求而形成的結局。

放棄掉人自己真理的感受，而委屈於外在形勢的需要，而外在形勢一變再變，人的後悔在生活中一演再演，沒有定性只因現代人眼光短淺。

一場遊戲一場夢，今日的愛情、今日的婚約只是兩性對生命不負責任的現狀。

七十、失去靈魂的時代

沒有自我是現代人最流行的潮流。人是不可以有真正的自我的。人甚至不可以動念頭要求有真正自我的面對及省思。

現代人希望每一個人都活在共同的平衡感下。基於現在生活的極端不安全感所致，每一個人都必須全然相互依賴在群體的制約下，尋求有生之年的安全保障。

現在的都市症候群：凡是想去突破而彰顯個別獨特者，將會被群體的制約視為對社會群體意識的「叛逆」。

人活在現代的文明，沒有自我是一條不成文的規定。任何追尋自我肯定的存在，都會令其他四周的人當下感受到人自己生命不願面對的問題。

沒有自我是現在社會生存的哲學。

人人不敢有自我，社會是沒有根的社會。

一個失卻靈魂的時代。

七一、生命的判決

人是否真的活在入世的經驗中成長人自己的存在意義呢？這是一個非常值得反省的問題。我們必須正視：人類的認知以外在實際經驗作為一切存在的驗證準則時，形成今日世局不可收拾的大破壞。其中真正原因在於，人存在的根本意義絕對不是以外在現實經驗作為一切真理依據。而世局的結果則是最好的證明。

人應該以何種經歷作為人存在這個世界的標準？人應該以恢復自己內在生命的靈智作為人自己活在每一當下時空的根本判別所在。

外在經歷是相對性的對立價值系統，而內在直感反省是人存在自己最貼心的自我心念，沒有任何生命真能違逆自己靈智的當下念流。

人可以因不瞭解生命之本位而有往外尋求生命的歷史錯失，然而，當人開始從外在經驗的挫折中反省，往內在真自我之領域，尋求人自己存有真正力量時，人已經沒有任何理由再說對自己生命不負責任的話。

七二、宣告世界的死亡

我們不得不正視：當人誤以為外在現世歷程是人活在世上追求的生活目標時，這個世界清淨面將因此被人的人性之惡所染汙。

人未能真知於生命，這個世界因此而宣告死亡。

死亡是一種真實，也是一種假相，是一種轉換，更是一種深化自己的過程。世界皆有其存在的必然，世界的生滅也皆有其必要的因果，人自己的生死，是在於一種能變動的進化之力，不能進化的生命等同對自己的世界所存在的一切宣告死亡。

生命之力在於能在變動中變革所要改造的機會，該變動的時候不願變動，那將會是生命本身最大的遺憾，因為生命要有改造自己的機會，是何其的困難！而在變動當中，卻不知如何進行改變的本身，是最大的無知。

生命的生生不息，是人改變了所有該改變的狀況，在改變中才有生機，而人最大的「惡」就是不願意改變，是未能真知於生命的本質。不改變，等同宣告世界的死亡，能改變，世界是有其繼續存在的價值與內涵，而人在其中，卻必須要有改變自己的反省之力。

所以，請所有的生命為自己當下存在的世界，進行所有覺醒的革命之路吧！在改變中創造所有的生機。

七三、痛苦的喜悅

痛苦是人面對生命的最佳良藥。

地球是宇宙意識最完美的設計。

在我們生存的世界，痛苦本身對肯面對生命的智者而言，正是當下提昇生命的下手之處。因為能反省生命，而體會到人存在人間的生命因果。

而對生活痛苦視為理所當然之人，他們只有永遠活在對痛苦沒有知覺的物化世界裡。人不願面對人生痛苦的病因，痛苦並未因不面對而消失。

所以，根本解決痛苦的方法就是：面對生命。

「面對生命」是人來到這個世界要自我完成的第一個必行工作，其他的生活內涵無不是為了人納入自己生命去反省而存在的巧妙安排。

七四、生命的爆裂

生命的爆裂，在生命當中已經到了不可理解的地步了，形勢變動引發每一個人每一生活當下都必須去承受一切不面對生命的痛楚。

外在形勢的變動，正如上帝對人性原罪的審判，沒有一個人能逃脫的了上帝對人存在的怨恨。

現在的宇宙是大變動的宇宙時代。一切的生命必須在宇宙的運行中，完成每一單位生命世界的必然意義。

生命的爆裂，如一切存在的終極警告：人必須以最徹底的反省來為自己及一切生命存在於宇宙變化做最終極之定位。

而人首先要做的是恢復人自己的宇宙靈性，以此能量重新定位人在宇宙的新要義。

七五、及早面對生死

一切屬於人生際遇的過程已經到了必須做總結的時刻。

活著的人未能為自己今生今世的存在，在有生之年真正地留下令自己無憾的內容；死去的生命卻又在宇宙無垠的邊際中，茫然地在宇宙運行之外摸索回自性的道路。

真理不在十字架上被人民的無知膜拜，一切真理早在人一生一世生活的當下中，以一切的痛苦令人面對自己的存在。

可是，人往往流失自己人生最良好的時機而不以為忤，總是存著一種心態：生命的面對等到人生享受到了盡頭時再去沉思。

人生的盡頭——已經是一切生命面對自己人性真理逼上自己十字架的生死關頭，那時任何人的心力已經沒有了自主的心力。

人於其時唯一能承受的，只有等死的末路了。

七六、建立反省生命的人際

愈有能力用自己的心力進入自己內在心靈世界挖取人自己的心靈智慧者，此等生命體是令一切生命體所尊敬。

人從心底去尊敬一個對象，並不是為了建立一切營私的目的。

人建立的一切人世關係，最重要的目的在於經營人自己生命的出處，人來到世上，必須為面對生命的因緣而在生活層面上建立反省自己的生命管道。而人在世上的一切人際關係之建立，為的是令自己真正地在面對生命時，有真正互動的因緣提供人生命反省的人生契機。

我們應以如此應對來尊敬自己及別人的人生。唯有如此的人生對應，人一切生活的建立是為人存在於世的反省真正地在世上建立生命反省的生活人際網路，而不是令人的存在淪喪成每天與一切人說一些不關痛癢的無聊話題。

許多人的生死是後悔而已，因為，他們在臨死之際發現自己這一生竟沒有留下令自己能記憶的生命志事，有的只不過是私心之下建立的人世浮沉。

所以，以尊敬之心來真正建立自己及他人生命內涵的新生活面，才是人來到世上的正途。

七七、創造自己

人愈有能力用自己的心靈智慧創造自己內在質感要的感覺時，人愈有能力為自己的生活改善一切不易變動的保守。

人為了保有一份保障自己的安全感，而放掉了面對生命的一切存在機會，於是，全力地往具體的外在建立名相世界，以此作為自己及他人生命的交代。可是，存在於人生的自主能力愈來愈是衰退，人的心境未能保持赤子之心，人只有衰弱在自己無以面對的人生盡頭上。

人來到這個世上，基本都有其真正創造人自己生命內在心力的意願。這也是為什麼一切生命願以自己人生當下的限制，去體會限制之後的無限，可是，無限的生命內在並不是人外在形勢的保障。

生命的要義在於人一切屬於靈體動力的恢復上，再度去創造自己生命的春天，而人對不具體的存在只會用自己也不清楚的名目解答人對自己的無知。

我們不必去理會痛苦的存在，我們所要在意的是如何在痛楚中創造自己「恢復生命靈力」的契機。

PART
3

愛的宇宙

人必須在生活中走上全面覺醒的路，以永恆覺醒，覺醒宇宙本身永生永世的意志。

生命本質的了悟，即是生活願力的覺醒。人世的運行，無不是宇宙靈性的真理，人是宇宙的存在者，必須了悟人在宇宙的定位，覺醒於宇宙存在的終極意志，自主於生命本質存在的存有。

人所反省的質變，無不是宇宙存在本質本有的湧動，引領在人生活當下的遍一切處。

覺於生命，醒於生活，人在宇宙中示現自己，人在生活中顯相宇宙，成生命永恆的覺醒，成生活必然的自主。

第九章　宇宙覺醒的意志

七八、人——宇宙定位者

人不必拿一些不干己事的存在要求自己的生活，或要求與自己有關係的人們。

我們真正需要學習的是：如何真正地關心自己，用自己的心靈關心自己的存在。

如果，我們未知於自己的心靈世界，我們必然未知於我們所處世界的深意。如果，我們未能瞭解世界存在對於人的深意，人會是真正污染這個世界的最大元兇。

對世界存在的本身，我們應視同對自己存在的本身是如一的存在。

我們在宇宙無盡的存在條件中，為何獨獨選擇以此世界——地球——為人如此之生命體面對自己的人生舞臺？

除非我們是宇宙的定位者。不然，宇宙的大我意志又何必用地球如此清淨之地付出無怨無悔的代價。

唯一能解釋的，就是人的存在是為了對一切宇宙生命之存在提供一個更根本而永恆的存在之省思。而人之生命體正是宇宙中唯一能如此反省進化的生命體了。

七九、恢復宇宙動能

人對自己存在有一宇宙性的責任，人對一切生命體存在之定位也有一宇宙性之根本責任。

人常說人存在的心靈是大宇宙的本體，如同正好說明了人在這個世界進行就是理清一切存在的終極點。

生命的存在即是為了令宇宙存在的所有智慧為一切生命體所擁有。

而我們再仔細觀察，所謂宇宙意志存在，即是存活於此宇宙內一切生命體共同意志的存在，而一切生命體之存在本身就是宇宙無形意志的最具體之存有。所以，大我宇宙一切實際存在進行狀況，等於存在每一生命體的內在心靈之靈魂動力處，而引發我們真正去瞭解宇宙密因的力量，只有我們自己存在的靈體意志了。

一切宗教之修持，共同的終結：令一切生命恢復其生命的宇宙動能。

我們必須謹守我們在宇宙大我意志的自我期許。

八十、宇宙的智慧

真正廣大的世界就是無始無終的世界，無始無終已不再是一種廣大，它只有「存在」本身才足以形容其俱足的深廣。

靈體的存在是宇宙存在的基本單位，而宇宙基本單位就等同於宇宙本體的存在。真正深刻的體會就是生命在宇宙恢復其本位的歷程。

宇宙既深且廣，宇宙有它的愛存在每一生命體的自主性上。

恢復靈性上的自主性是恢復生命體在宇宙應有的秩序。

任何存在的本然，皆有其生命之秩序。

在我們世界首要之工作在於：恢復存在宇宙靈性上的智慧。

此種智慧乃源於大宇宙之根本意志，此種智慧是真正能恢復一切生命秩序的真理。

八一、那日子終必來臨

那日子終必要來臨的。那瞭解人存在的密因終必要來臨，因為生命的存在本身是「無始無終」的。

也就是因為生命之本然如此，生命恢復自清自淨的日子終必在他於宇宙的自然運行中，那日子必選擇最自然的途徑來臨。

那日子取決於每一生命體對自己生命存在的預設之外。

必然來臨的，是人對自己的根本的轉換，日子是怎樣的日子？重要的是在過每一個日子的自己是怎樣的自己？你要怎樣的自己才有怎樣的日子。一個能覺醒的自己，才有那自己自主的日子終必來臨的時刻，沒有自己所過的日子，那樣的日子只是一種一再重複的日子，沒有反省覺醒所過的日子，那樣的日子是無法意會自己存在的狀況下所過的日子。

那必來臨的日子，是人對自己開始通往覺醒的第一個時間點，人懂得自己的存在，人意會必須為自己而活，這樣的自己親臨的時候、恢復的時候、覺醒的時候，那日子終必要來臨的。

全面性覺醒的日子，終必要來臨的。人自己成為自己生命的主人，那日子終必要來臨的。當那日子來臨的時候，我們必然意會到：人是自己生命的主人。

八二、世界沒有末日

那日子來臨。

必不是基督教所說世界末日之來臨，也不是大審判之日的來臨。

審判本身在人歷代的歷史存在中都在進行，人不必等待生命之外的上帝來審判，人自己早已在自己生命的方程式中審判了自己生存的脈絡。

人若還要人之外的力量來定位自己，人又何必自卑人在地球一切的過程呢？

人來到這個世界一切的努力，為的是人成為自己生命的上帝之日的來臨。

那日子終必來臨。

當人在人自己行走的世上，以自己生命意志成為自己生命的主人時，那日子必當下來臨。

八三、自己生命的主

世界沒有末日。

世界只有永恆慈悲的存在。

若人不能面對自己生命，則人之存在時時處在世紀末日當中。

人是自己生命的主，人的存在只有永恆的存在，而不必再加上生命之外的存在理解。

末日是相對的理解，不懂自己的生活，怎麼活都等同是末日。末日是一種人對自己的提醒，提醒自己一定要走上覺醒的路。

世界的永恆是人在世間一念的慈悲，人應以面對生命來覺醒人生之路，以覺醒來成自己今生今世生命的主人。

八四、永恆的當下

沒有生命之外的任何意外。

一切存在發生的狀況，一切存在發生的過去、現在、未來，都是在生命本然的意志下進行的。

而每一生命的運行都只有一種狀況，那就是「當下」的永恆。

除此之外無他。

永恆不在時空的內外，更在今生今世自己當下的存在，永恆即是自身本身的生命存有，一種本然的自主，每一種當下的生活都在以永恆的自己創造更不可思議的永生永世的自己。

八五、恢復與創造

生命是恢復而來的。

生命也是創造而來的。

生命可以俱足一切的理解而恢復其生機，但其先決前題在於人自己當下面對的決心。

覺醒是為了恢復生命的原創性，所有的原創性必然源自於生命的本質，如此創造出來的當下，是等同生命覺醒之後的恢復，在相應中所感應出來的對應。

生命能覺的、能悟的，一定是自身生活中所走過的一切經驗，自己的生活是唯一通往自己靈性自主的生命之愛。

八六、本質之我

人的存在最好能以本質的存在為最根本之存在。

一切理想之追求、一切永恆之夢想、一切自我之超越、一切存在之反省，這一切的沉思為的是：人神聖的恢復「人等同於一切存在的本質」，而恢復此種本質之感，就是為了在人世間以超越自我本身創造出真正的「本質之我」。

覺醒之路在於本質之我的恢復，直接從生活中恢復，用一生的行走，圓滿生命真實的自我，人在世間的沉澱，就是把自己不可知的部份給引動成此世的更完整的自己。

通往覺醒之路，本質之我的存在，將不會只是夢想的追求，給自己一種莊嚴自主的人性與人生，這是所有生命在宇宙中應有的權利與義務。

這一切，在經過一切生命覺醒之後，將會是最自然不過的人生態度。

八七、以宇宙意志生活

本質之世界其實才是存在本身最接近最當下最真實的生命本然之世界，然而，本質之世界不在人之肉眼可見之世界。於是，人永遠不敢相信人之存在為的是——他們自己所不敢去想的本質之世界。

本質的世界存在「本質之我」。

人在一切修持上的印證去體會的內容，如同天際星子般晴空萬里。

我們本然用生命之本質去生活，我們就是用大我宇宙的意志在日常生活中體會自然之我。如此之生活精神才是人來到這個世界的初衷。

第十章　了悟生命的本質

八八、本質之愛

本質之世界——相對與絕對都是不存在的存在。
本質之世界無非是愛，是真理，是人的本然而已。
我們在大自然懷抱中仰望星辰，期待人自己的生命真能與天地結合在一起，期待人的生命即是宇宙本體的存在。
而當我們瞭解到，所謂的「解脫」就是——令人的生命了悟到「人的存在是本質世界的自然存在」時，真正地在大宇宙中進行人在宇宙中的順位。

八九、本質的運行

宇宙運行即是世界之運行。

宇宙本身的本然早已存在人存活的人世間一切，宇宙的意志等同人生命生活的意願，人之心念存在於生活所有的運行，即是宇宙運作當下的本覺，人在生活中一切的廣度廣行，都是全面性的覺醒，「三」即多數的意思、全面性的意思、遍一切的意思，即宇宙本身存在的意思。

所以，人的生活、人的覺醒、人生命的第三覺醒，就是宇宙本質運行的覺醒。

人即宇宙本質的存在，所以，人在生活的全面性覺醒所運行的一切，就是宇宙時空所運行的一切生命覺醒之路。

九十、拒絕人生干擾

我們今日的生活最需要就是一股清澈的寧謐。

現代人的生活是干擾性的生存條件，人沒有以自己靈性的能力來過活，人與人相互間成為生活干擾的對象。

人用外在的工具做人性的干擾。

而當人對一切非人性的干擾不再存自覺之能力時，人只不過是物化的存在物而已。

九一、沒有負擔的愛

我們要有不怕失去愛的能力。

我們要有不怕失去愛人的能力及被愛的機會。

若愛不是經由生命而發，愛與被愛都會是一種生命存在的負擔。

我們先愛自己的靈性世界時，我們就是在愛一切生命的存在。

不為什麼而去愛，放下所有意識型態的標準去愛，不只是為生存的條件而愛，而是意會自身存在的意義，而彼此相愛。

在愛中，放下自以為是的愛的標準，讓愛成為生命本質的意會，成就彼此生命成就的自主之愛。

九二、心靈之愛

愛的表現，並不是在外在的動作。

真正的愛是對自己心靈的聯繫。

愛是一種心中相應之後的感動，是彼此靈魂深處交會之後的相思，愛的連結是心靈本身通往覺醒之路的運作。

愛的當下，靈魂等同進行昇華的過程。

生命之愛是內化的當下，靈魂在愛之中把所有的問題反應出來，把一切成就的機會在相愛的過程中，進入彼此生命的靈性中，成為人生心性的重大資糧。這就是愛的意義。

九三、愛的言語

愛是不用說抱歉的。

再多的語言無非是人對自己不瞭解愛的解釋而已。

所有的語言皆無法形容愛的本身，而愛的覺醒在任何的語言中，皆能表露無遺。愛無法有多餘的解釋或者檢視，愛是生命本質的感應，能愛自己的，是在於能感應自身的不可說。

愛是一種狀態，所有的言語也只是在傳達那樣愛的狀態，愛是無法去抱歉的，因為，愛的本身早已包容了所有的對錯，那是愛本身唯一的語言。

九四、了悟之愛

我們不必用過多的語言去表示對愛的曲解。

愈是需要愈多語言的愛，愈是不能保持長久的愛，用了悟的心情愛一切的存在。

愛本身是了悟的關鍵，以愛覺醒，以愛來感動世間所有的苦難，不管任何關係，背後都有不可訴說的情境，而愛必以會通問題之所在，在愛的流程中傳承所有愛的生命覺悟。

沒有覺醒的愛，只有痛苦，因為不了解自己，如何愛對方？

在愛中的開悟，就是：悟出一個不同的自己。一個懂自己而有能力愛的覺醒的生命，以愛悟之，以悟之後的生命，去愛所有需要愛的覺醒的生命。

九五、自我之愛

愛是人自己的自我之愛。

人真的那麼需要別人的愛來肯定自己的存在嗎？

人對自己的自主能力喪失愈多，人愈需要他人的愛。

怎樣的自己是在愛中必須去自問的？為何會去愛？如何能愛？

愛的重點就是：自我的覺醒。因為，在愛中覺醒，才能有改變自己、調整自己的能力。

愛中相互之間的肯定，自己在覺醒中的我，是無限可能的，才具備更能去愛的能力與能量。覺醒之愛，自主的自我，在一切的愛中，確認自己愛的成長。

九六、靈性之愛

可是，誰又能保證別人給自己的愛是公正無私的呢？

誰又能保證，別人給我們的愛沒有任何負面的影響？

我們之所以需要別人的愛，乃是因為我們人自己未能以自己心靈之動能來真正愛我們自己。

愛不能用自己的私心去做任何的承諾，愛是放下之後的一種靈性之美。靈魂的密藏覺醒在這一世自己的心性當下，人的靈魂等同人自身的肉身，覺醒的靈性、覺醒的心性，愛必在其中確認所有的承諾。

生命之愛、靈性之愛，不是外力的保證，而是彼此在相愛中，生命覺醒的確定。

九七、對自己的愛負責

若人沒有對自己的存在負責，則對他人的付出都會產生負面的狀況。

人沒有真用自己的心靈去給予需要愛的人，給予愛的人才是真正需要愛的人。

能覺醒的才能了解為何去進行愛的生命功課，對自己在愛中所面臨的一切，能不能負責自己在愛中的承諾，就是在愛的進行中，等同恢復生命的覺醒。

不管對應的愛是任何的狀況，只有訴求通往本質的覺悟，才能全然的去進行愛的責任，能覺醒的愛，是了解自己存在意義的生命，才能對自己的愛負責。

PART 4

全面覺醒

人之存在，無不是相應所有的反省之路，無不是為了所有的變動中的變革，在真理中恢復生命的真實，以生命全面的覺醒，在一切處的生活中，運作成覺醒世代新時代的生命自主之路。

這是一切生命靈魂必然的意志，更是宇宙終極大我奧秘能量終極的願力。

而其中顯相在人存在的一生之當下，人全面性的覺醒，等同宇宙無窮意志本身的示現。

生命之路，反省之路，覺醒之路，自主之路。讓自己以宇宙覺醒的大我令生命的本質圓滿在生活的遍一切處，成自己生命的主人。

第十一章　反省之路

九八、深遠的覺醒

人以任何的形式來到人間，其目的是在於對自己做最徹底的改革之路，生活就是改革的道場，能了悟這個道理，就能夠改變過往所難以改變的，不能意會人一生的目的，就無法了悟一生中所發生的事情所為何來。

人的存在不能只是一種表相的形式存有，通往了悟的覺醒之路，就是打破表相模式的存在軌跡，開悟的靈性，能量將充滿自身的人生意會，能覺悟的都是真正感動自己未曾有過的覺醒，給自己的莊嚴一生，必須以最大的革命之心，來迎接人生每一時刻所對應的不可預設之因緣，所有發生的事，都是尊貴的必然，都是了悟的當下，都是覺醒的深遠。

深遠的深情，在人性的體悟中，了悟所有靈魂深處的用意，生命皆有其來到人世間的本願，了悟其中，發展不思議的能力，不可空過的一生，在覺醒的大道中，變革自己所有的設限，開演所有當下靈魂深處的相應自主之路。

九九、最究竟的提點

整個世代都逐漸往相對表相的形式形成，人性的存在變得淺薄，人必須有所變動，這是最後的機會，整個世代更要為所有的累積進行最徹底的變動。人的了悟引動所有世代世人的覺醒，要覺的就是：恢復生命全然全覺的本質本心本然。

最究竟的提點，是生命最深刻的對待，生活就是對自己最大的承諾，只是能不能夠有一個莊嚴的態度，來納入所有一生的提點。觀照到的都是必須覺醒了悟的，重點在於：究竟的了悟、徹底的覺醒，必須根源於生活中的自己，圓滿在自己人生的大道上。

要有這樣子的生命之知見、生活之照見，遍一切一生走過的流程，都是覺醒自己所要了悟的人生之功課，打破所有的預設，粉碎所有的不安。人一生的承諾就是：在生活中覺醒生命的本然，恢復生命的必然，成就生命的自主，徹底了解到：人在自己的生活中早已是自己生命的主人。

一〇〇、過靈性生活

我們未能真正以靈性的真我在生活中活出自己，我們本身的存在等於死的存在。死的存在即是沒有靈性的生活。

生活是活出生生不息的自己、靈性的自己，了解自己靈魂在心性、個性當下如何輪動的密因密碼，這就是生活中覺醒的新生命。沒有靈性的意會，是沒有靈魂的個體，覺醒的生活才有清明的生命，這樣的存在才是真正終極覺醒的靈性之路。

以靈魂的完整相應在自身心性的生活，在生活的一切處，無不是一切靈魂覺醒的當下恢復之路，這樣的生活是靈性覺醒的新生活，唯有如此，才有覺醒的世代。

一〇一、永恆存在

跟自己內在的靈性至親至愛地在一起，就是永恆地與大宇宙之本體在一起。

宇宙的大覺醒，無量靈魂體本身的終極圓滿之路。

在永恆中，有著宇宙終極意志的必然圖騰，而地球存在的奧義，承諾了所有萬民成自己生命的主人，承諾了所有的萬靈成自己無量圓收的圓滿。

人以至情至性來到人世間，俱備等同大宇宙的永恆之意志，人的生活即是宇宙的存在，人的生命即是宇宙的存有。

人必在生活中，以至深至廣的誠意，走上終極的第三覺醒，成就覺醒的新世代、新生活，也等同圓成大宇宙終極意志的示現，而在地球的當下世代，示現覺醒世代的新時代。

一〇二、沉澱生命終極的意義

人果真能將一切的存在於一瞬間全納入自身存有內，做一種生命全然的統合，人必能於一定時間內當下調和一切存在的矛盾，而當一切矛盾為「內在生命動能所真實調和」時，人也必然會在大世代的立德、立功、立言上，創造出一番頂天立地的大時代局面。

人其實最難的就是在生命的正常軌跡裡，真正做出「出軌」的動作。生命中任何的「創造」本身都是「出軌」的行為，人存在的本身，最是容易在生活的安詳裡埋葬任何可能創造的潛能。

人的生命之所以極其悲苦，乃是因為人本身的生活無不是為了「壓制」生命創造力而存在。人之悲苦，乃是因為人對自身生命的無能為力，自已未能如實在生活中尋求「自性真理」，於是，任何其他人的創意，也必然為其他已失創造力之人所刻意泯滅。

人何以會存在？人因為有生命之事尚未解決而存在。人生存在一切可能裡，如相對、絕對、可預設、不可預設、統合、矛盾等，其存在之本身正好說明了一件人生事實：人以生活中一切不可能的狀況，為自己存在所要解決之問題，在生活的不可預設裡提供其終極性之可能。

而人是否真能如實將生活中的一切不可能，於最短時空內，調和一切因果做終極的回歸？人是否真能在其人生自我可能的允許下，全然的完成其人生所要尋求的「最終真理」？這一切的答案，是由當事者自己完成呢？還是在自己之外的「他力」所完成呢？

當然是由自己的意志完成自己生命終極性的真理。

人之外一切的助益，也是其他人為了自我完成而相應配合的因緣，智者必隨緣觀之，而將一切因緣引導到「中性」的正因善果上。

當人試圖以最短時間內完成生命終極性之真理時，人內在生命靈動力量，衡量宇宙無始無終永劫的輪迴時，人內在心靈之力必然自發性選擇以肉身之外在形式來到地球，而要求以一生一世最當下之時間，成就生命無上之智慧。這也正說明了釋迦牟尼佛為何以無比大願力要求自己在菩提樹下當下頓悟「人人皆有佛性」的終極真理。

時間何其短暫，然而，人性因長久昧於生命之本然，人若要在最短時間完成其生命之真理，人必須在絕大多數人習以為常的生活公約下，做出為完成生命所必須付出的「出軌」動作，此時，人本身的生命必將面臨嚴格的心志考驗。

對絕大多數的人而言，能活著就是人生最好的歸宿，就是最大的幸福，對於習慣長住久安的人們來說，任何風吹草動都會是要命的徵兆，更何況是「創造性」的變革。所以，當有其中一人生命基因已經開始為自己存在尋求答案時，其人當下等同於要面對絕大多數人的挑戰與壓力。

然而事實上，以一人之力而與全天下人對立，理想必然會毀於一旦。這時候，我們必須瞭解到：找一群「真理的共同愛好者」一起行事。

任何偉大事業的完成，開頭是以一最急於解決生命問題者作為開頭，而當此全然投入生命反省之人完成當世人生根本問題時，其跟隨者基於信仰其人的真理而產生信念，為此自發性的形成一股創造偉大時代的革命勢力。

所以，真正能改變傳統舊世界的力量，最根本的條件是：此一力量絕對是純然發自於為生命真理做一終極思考，而引發至世間興起最根本創造性變革的「偉大生命動能」。

此一動能其實長久以來存活在每一生命的潛能意識，可是人只會對「外在的存有」拿來當作條文的真理，一再將人生的目的放在與生命本源全然無關的事物上追求，其結果就是，人從世界的主人演變成世界存有的階下囚。

人以為他擁有了全世界，人自己卻成為世界的奴役。這等結果其實很自然，本來人來到地球這個宇宙最美麗的行星，其目的並非是將生命的意志投射在大自然的改造與擁有，可是人未能即時自覺自悟，更可悲的是，人知道自己行為對大自然造成極大傷害時，人為一己不必要的自尊，而遲遲不肯改變人在大自然生態中造就的悲慘局面。

人因認錯了人來到世上的生命目標，而錯將人本身的問題擺放在大自然身上，形成今日不能收拾的局面，唯一能改善這種情形的，只有人重新反省人自己來到這個世界的真正目的。

重新省思人來到地球的根本目的時，人方有可能為自己、為大自然、與其他生命做真正的回饋與補償。其實，生存本身真正可怕的，並不只是對人之外一切存在的傷害而已，更可怕且可悲的是：人在地球做了無數生生世世之輪轉後，對自己生命本然要義仍然一無所知。

人能在地球形成今日之文明，必有其屬於人類自身整體的宇宙意識，而恢復生命的自然認知，是人瞭解人類自己來到這個世界的唯一機會。

而解答這個終極性的生命真理，必然存在人類全體共同的「生命覺醒」上。

一〇三、理想與想像

「理想」是人對既存世界最大的「想像」。

就我們一般人而言，生活本身就有無限的可能，生活的繽紛代表人試圖對現實突破的一種企圖。人活在生活裡，每一個人都假裝很努力的在自己設定的「生活方程式」裡，扮演自己「生命的假象」。

人存在最大的想像，就是認為現實生活中的一切都是「最真實的存在」。可是，擁抱現實時，人又是何其的痛苦，於是人不免又回過頭來沉思「理想」對於人存在的目的是什麼。

人類都很認真的在預設自己的過去、現在、未來，人由於對自己生命本然的無能為力，也把生命最初的「理想」妥協在生活的現實中消磨殆盡。

當人們把「理想」誤解為一種遙不可及的想像時，人自己的存在必然越來越遠離生命，當人的存在只剩下歲月的悲嘆時，人必須感喟於時間的可怕。可是人走到人生終點時，唯一能做的，除了將自以為真的財富名利分散給自己生命之外的人，其他的就是「等死」及對未能為自己去追求「真正的感覺」而怨悔罷了。

走一趟老人院後，我們會發現到人生另一項真理：人開始會對生存抱怨時，人也開始失去其人生的理想成份。而當人開始失去其人生理想色彩時，自己也開始走上「心靈的老年期」了。

心靈的真正年老是不分年紀類別的，尤其是越趨於複雜的社會結構，我們不難發覺，心靈的社會化、物質化、公式化的污染，年齡層明顯的降低。我們不免懷疑，人建立群居社會的文明架構，其終極目的是在哪裡？難道大城市的文明背景，只是意味人「越來越不能面對自己生命」的結果？

人如果不能用自己的心力去明瞭人生的真義，人所建立的一切文明都是「幻象」。大城市勢必將變成使人失落其理想的日落京城，人類命運的最後黃昏之戀。

「即時覺悟」把人類內在心靈世界那一份「真生命的理想」覺醒出來，是重整人類生存、生活最根本的途徑。而這種功夫只有人自己能動手去做。

「理想」並非一種想像，人常因為自己最自然的感受未能在一生一世的現世獲得回應，於是，人開始懷疑自己心靈世界的脈動，而放棄了自己的初衷，最後，「理想」變成了「自己不敢面對自己」的最好藉口。當人否定了自己，而開始把自己最想念的感覺，硬生生的違背生命的自由意志，將理想說成是「永遠不可能完成的永恆國度」時，等於人自己宣佈放棄自己的生命一樣的無知。

唯有人面對自己的存在之時，真正的正視「理想」，理想不再是人失落自我時不能實踐的大想像，反而是人不能面對自己時，重拾自己對生命信念的最好憑藉。

人之所以在最失意時尚存有最後奇蹟式的理想心念，乃是人必須以最後心靈依恃的理想創造人生生命的一切可能，以完成人生終極的理想。

當理想不再只是生活上的理想時，人同時是在生活當下真實的完成了理想中的真正自我。

一〇四、做自己生命的先知

人是不是非要等到肉身有苦難時才會真正去思索人本身存在的問題？生死之事非要等到生死時才能面對嗎？

一般人最大的生活困境，總以為是每一個階段未能擁有的物質條件，偏偏，人外在生存條件寬闊豐盛之後，人終究會發現：人基本存在的生活困境並未因物質條件的俱足而消除絲毫。

事實上，當我們人生在第一次體察到外在條件不足以填補人生困厄時，我們必須好好珍惜契入心靈世界的機會。

許多人面臨了人生某種意外或不可預設的挫敗時，只會將種種自己未明或未能掌握先機的責任，以極度的情緒化，發洩在自己之外的他人身上，而根本忘記了自己才是一切人生成敗的主角，可悲的是，像這樣的人物佔了全人類歷史的絕大部份。他們絕對不是人類歷史的創造者、或賦予歷史重大意義的領航人物，他們是習慣於當英雄人物的永遠跟隨者——跟隨在別人生命舞臺的配角，而他們卻仍然沾沾自喜的引以為傲。這些人跟隨前人的傳統、規範，沒有試圖改變人生，而走上僵化老死之路。

當絕大部份的人沒有變動人生困厄的能力時，他們求助於自己之外的末代英雄人物，於是歷史上總會適時產生一些應景的代表人物。然而，真正能從本質改善人類粗糙體質的人物則是極少數不出世的「先知」。

「先知」並非指被理解為能預先知道要在未來發生某某歷史大事的人而言，「先知」應該是指「人類心靈的偉大導師」——真正能根本解決人生終極性問題的智者。

在某些年代的古老傳言裡，有特異人士能藉由某種媒介而預知人生及歷史可能發生的重大事件，但是，即使人對未來能事先預知將發生重大改變歷史大事的情況，人終究只是知道其必然會發生之結果，然而，人類卻對之所以會如此發生的根本因素無從追究起。

其實，整個的關鍵就在於此先知之可貴，乃在於先知能與「宇宙的無上意志」真正合而為一。先知不只是瞭解到每一世代每一生命的根本問題，且對人類及一切存在本身的生滅有著圓融而無礙的智慧。無始無終之存在對先知而言不過是一瞬間當下的生活情境，先知是真正能提供人生愚昧之解決的根本智者。

每當先知在沒有任何徵兆來到這個世上時，即是代表著「一切生命即將面臨最終極變動」的開始，於此觀之各宗教之創始人如：釋迦牟尼、耶穌基督……等，我們不難體會到，所有先知以他們來到世間的一切過程明確告訴人們：每一個人都必須學會做自己生命的「先知」。

做自己生命的「先知」已是本世代一切人要令自己生命如實到達的「人生使命」。

地球無盡的生態因人類的心靈未能適時恢復為「人自己是自己生命的主人」這種層次的智慧，結果人昧於生命的智慧而愚蠢的將一些歷史殘存之哲理主義，用來理解人存在的根本要義，且奉之如神旨，把整個地球存在的一切生命拿來當作人類進化的最大實驗室。

在尚未能在大宇宙意志的預設時間內完成自己生命的先知時，人必然對自己本身的潛能尚有極大密因為人自己所未知。然而，當人對自己存在的生活困厄尚未能真正圓滿解決之前，人類已在自己存在的大自然生存環境中——地球、海洋及自己著根的大地——種下了毀滅。人走上自我毀滅之路，如同人不能成為自己生命先知是同質問題。

做自己的先知，其間並不以困難或容易來理會，困難的感覺都是人自己無從知曉自己而引起的，容易的感覺只不過代表著人長久以來對自己生命因無知而導致的輕忽罷了。所以，做自己的先知就是做自己生命的主人，做自己生命的主人就是忠於自己一切存在的本身，打破所有相對之理解，突破一切外在的依恃。人必須有一種全然依恃自己的孤絕感之後，人方能有不為外在的變因迷惑而卓然佇立的意志情操。

看歷代人類中最有主導人類心靈意志的人物，以他們的人生成為自己生命先知的借鏡。但有一絕對重大前提必須明說，那就是：當人開始體悟到人必然以「自性」作為生活的依止時，人必須丟掉歷史上的先知，而把先知的內涵如實放在自己平常生活裡體會。

我們能成就自己為生命的主人，我們就是自己生命的先知，自然而然的，我們也就是自己生活中的主導。當一切生命以每一個自我為單位，令生命進化到如此層次時，人對地球的瞭解、人對大自然的體察、人對大宇宙的運行，人將會驚訝發現到人原來就是宇宙一切終極的「同體存在」。

而當人內在心靈能對客體存有的外在實體，心存如此終極的一體之感時，人類的生命必然與整個大我宇宙之本體合而為一，真正的悠遊於宇宙無始無終的旅程。

一〇五、宗教與偶像崇拜

宗教在人類歷史舞臺上遞演著無數心靈縱與橫的「無上傳承」。

宗教的存在本身是一種極其特殊的歷史現象，毋寧說是人類透過宗教的存在形式，為自己人類存有本身做一終極性的存在省思。

宗教的創立往往其內涵與原創精神皆取決於第一位為一切生命做全然反省的「生命終結者」，往上終極追溯一切宗教派別的本源，我們不難發現，宗教之第一位創始者，其本身也是那個時代大格局的創造者。

由於宗教本身所要解決於人生的是人存在的生死問題，一般人無形之間對宗教也建立了高於其他各界的地位。人最禮敬的形式基本上只對宗教存有的「偶像」才會頂禮之，而對各行各界的最高領導人最多也只是外在形式上的敬意。所以，人對宗教的本身大多賦予心靈最高無上的心靈純淨，其敬重的本意是代表其宗教內涵源起於第一位創始人是不分種族、派別，而為一切生命立下生死內容的省思，使得人類的存在增添無數自省的契機。

可是，其宗教在歷經歷史的遞變中，到最後徒剩形式，以外在供給一般民眾膜拜的神祇，而其原創性的生命內涵則消失殆盡。為什麼會產生這種令人悲嘆的結果呢？為什麼出現在地球的任何宗教，不管其原始第一位先知提供的第一究竟義是如何的偉大，其內在之「心法」為什麼總會失傳於後代呢？

當任何宗教其自身只剩外在形式讓後代子孫供養膜拜時，我們也瞭解到，這個宗教本身也被無情的歷史宣判為「死亡的宗教」。

宗教之死亡並非指宗教本身外在形式的存有死亡，而特定的指其「宗教心靈精神」死亡而言。往往，許多在近代信徒特別繁盛，宗廟特別多的宗教，並不代表其內在精神與外在形式存有成正比。

宗教是人要求自己面對生死最直接最當下最究竟的途徑，宗教不妨可視為人面對自己的道場，可是，當宗教存在本身既已失去其解決生死的實質內涵時，人面對宗教的意義將不再是人生死問題的真正投入。相反的，相當可怕的事實告訴我們——當宗教喪失其解決人生根本問題的終極立場時，人本身投射於宗教的依靠，是以人無盡的生死依託在宗教的立足點上。於此，宗教將不再是為解決生死志業而存在，反而建立比生死更嚴重的權威形象。

於是，宗教本身不再是為生死大事而存在，而是為建立生死權威而存在。

人要對宗教之外的權威起懷疑心並不難，但要人對自己生死最後依持的宗教起懷疑心，除非此人是「另一大世代的生命創始人」了。

人因為無能為力以一己之力解決人自己之生死志事，所以，人唯一能做的就是將生死之事交給生命之外的宗教，而當宗教已在歷史無情歲月中失去其本有精神時，宗教已未能給予人生任何生死解脫的實質助益時，宗教本身的存在反而形成人再度尋求另一嶄新生命之光的最大包袱。

其實，人最大的包袱並非在於任何一宗教實質內涵的存在，因為，宗教之創立皆源於人，人以宗教形式解決人的生死，未能解決生死，人只有真正從宗教的沉醉裡重新「翻醒」過來。人與其從破敗之宗教形式翻醒過來，誠不如人自己真正從自己人生破舊陳腐的觀念想法「翻轉」過來，因為，真正帶給人自己包袱的皆不是外在形式的存有物，而是人「未能往內在尋求生命的真正天地」。而人誤認為人之外的實體給予人最大的生活障礙，由於有此自陷的認知誤差，人以敵視的心態解決人與人之外一切相對立的存在，所以，人以自己未能解決自己生死的併發症，往外用來解決其他人之外的生命之生死，因而導致今日全世界即將毀滅的空前緊急狀態。

人類在歷史上犯下的最大笑話就是——人拿自己的生死去解決人之外的一切生命之生死。這一切歷史近代最大的悲劇，正無時無刻在我們生活四周上演：海水、河流、土地、森林、空氣，只要是人所到之處都不能保持住大自然的基本面貌。人不能保持自己生命本然面目，而徒令大自然的風韻消失在人自己生命的無知裡。

悲劇是人自導自演的，自導一切生死悲劇的始作俑者——人類，自演一切生死悲劇的主角人物，人必然會承受一切負面的惡果。這一切惡果都是因為人對自己生命未能有充份了悟，致使形之於外的判斷上，成為一種「心靈斷層」的道德問題。

我們對大自然的傷害正是對自己生命最大傷害的寫照，人自己心靈的斷層使人未能真正負起「萬物之靈」美譽的稱號。而人對大自然所引發的浩劫，換言之，正好是人生命終極的死結，看人如何在歷史軌跡中抱何種不平等心態對待大自然，就知道人是如何愚蠢的認知自己。

我們從宗教假權威中認識自己，我們從一切浩劫中反省自己。大自然以它的傷痛明明白白告訴了人類，人自身應該真正記取人類史上最大的生態浩劫，記取人唯有真正往自身內在心靈世界追尋人存在的生命真義，人才有可能為自己在大宇宙的角色上做最如實的定位。

打開歷史死結，是人自己對無盡生命曾在歷史上煙飛塵揚的夢想中做一最好的交待，而這種歷史的大災難，係屬於曾在歷史上活過的每一份子——傳承至今的人類。我們仍然困惑在歷史無始無終的生命疑惑當中，解開生命的死結，是人類真正走出人類自己設定的「歷史軌跡」中，創造出另一頁有別於舊有歷史的新生命史記。

一〇六、大宇宙大覺醒

我們由衷去關心某一生命奇特的內涵時，必然是以「生命的清澈」洞察對方生命的不足。當生命執行自己自由意志來到宇宙某一定點時，生命自己必然先為自己的外在，打扮成可以為生存環境所接受的外形，這是何等重要的生存要素，當某一生命以自己之自主意志為某種宇宙根本意志而形成時，生命本身必先符合當地所一般認同的生存外形。

當耶穌基督宣佈自己是上帝之子、是神的使者時，是為了上天某種意志而來時，我們可以理解耶穌基督本身即是上天（宇宙）意志的生命代表。

佛教第一位創始人——釋迦牟尼佛自己曾經說過：自己曾經歷經無數時空的輪迴，以各種形式的生命型態輪轉在宇宙無盡的浩瀚當中，為的是以自己的生命歷程求得自己生命「真正的自由意志」。

宇宙本身的真實存在無異於人自己「自由意志」的存在。當人在某一世某一情境下「當下」將過去、現在、未來全納入自己當頭棒喝的清醒時，人自己的內在心靈世界會興起一股與以往後天培養的認識模式不一樣的感動——那是真正發自內在心靈最深的脈律。這種節奏本身是自動自發的生命清流，我們可以把這份感動喻之為「人內在宇宙識能的覺醒」。

除非人真正能以自己之力覺醒人酣睡在宇宙深淵的「意識能量」，不然，人終其一生追求的總是搖擺在人生歲月的外在變化裡，之所以生、之所以死，則全然不知，或當作與自己人生無關緊要之事。

如果，人存在本身是一種無可解說的存有？還是人本身存在的一切錯誤導向是在人來到這個世界之前，就已被預設允許一切錯失發生的迷亂存在？或者，人生的程式早已安裝在人來到人世之前的大腦記憶庫裡？或者是……，事實存在了太多的可能。如果，人存在的一切謬失是被宇宙的大我意志所允許的，那麼，之所以容許如此無盡的輪轉，是不是在一切生命流浪大宇宙的過程中，隱含於其中的生命大輪盤，如佛座下的蓮花千葉，有著蓮花千葉出汙泥而又要求不污染的「終極密因」？這其中背後存有一切生命最根本的密因，密因的答案卻存在每一個人本身「內在心靈世界的宇宙動能」內。

人憑什麼可以承受如此龐大的痛苦？此點是人自己在面對人生負面的過程中，沒有想到要去沉思的關鍵。一般人當其人生身處於生老病死的疾厄當中，人唯一能自處的就是人生負面情緒的轉移，而當人承受一切困厄之時，人的情感世界以無數的負面效應試圖令人自己從外往內反射進入人自己內在生命自由意志的系統，引爆人內在生命的自足動能時，可惜，在很多人生的極致契機上，人未能冷靜的面對一切的最好與最壞之人生情境，當人將人自己預設之人生試煉機會往外再度投射到不可捉摸的大千世界時，人同時也將人「由外往內尋求自足生命的契機」拋棄掉，最後，人只有重新回到人生相當浮面的世界繼續等候人生的負面效應。

有人在大逆勢中尋找出人自己生命真正的春天，有人在大逆境中結束了自己最後的人生。絕處逢生其關鍵乃在於人自己本身「生命意志力」的彈性。自己人生的清晰度越強，人自己承受外在橫逆的條件越好，而當人全然恢復其存在的生命動能時，也是人同時由負轉正的時候到了。

人真正清楚自己生命的實相時，人自己對世間一切的瞭解就再也沒有正負相對性的理解。人瞭解到生命的真實就是一種不可言說之「純粹自在的自由意志」時，人瞭解到人是自己生命的主人，以此生命之體悟「推己及人」時，我們自然能做到——尊重一切生命都是他自己存在本身的真正抉擇者。因為，人不能相互以自己人生的體證去完成人生相互尊重的真理時，人只有從相互傷害對方的自尊與對方生命的生存權力，藉以建立人自己生命存在的安全感，此時，人類只有訴諸於永無止盡的爭戰，而永遠也沒有寧息的日子。於是，也注定永遠活在人自己無明於生命本源，而自己流盪在生命的大輪轉盤上千萬年尚未能醒悟。

人的輪轉其實真正操縱在人自己手中，只是人根本不敢相信「生命存在就是存在本身」這最簡單的答案。當一切答案都不是真理時，剩下唯一的可能就是：這一切答案都是真理。誰硬生生規定真理只有一個？或強調真理是唯一的？歷史上曾創造過最恢弘心靈成就的終極意義，但是，在過往的傳承中，真理只附屬於極少數先聖先賢的示現。當真正打破所有預設的時候，在這個覺醒的大時代，是要令真理真正的存活在每一位不分貧賤富貴的生命心靈深處。

是的，人類歷經歷史的動亂之後，人類存在的自我認知跟隨著人類自己製造的爭戰，令人自己的心志日益成長到成熟的階段，今日我們可以斷言：人類的心智已經走到全人類共同意志的成熟期，這也意謂著——人通往大宇宙無限的存在本身，絕對不是一場永不能圓其緣的「遊戲或夢境」。通往宇宙大我意識本體的合一，正代表人類全體潛能意識的極度開發。人必須在未來一定的時間內，將每一個以自己為單位的生命體做一種「零缺點」的生命圓滿準備功夫，完成自己內在心靈世界的真理，清楚自己存活於世間的生命真義。這麼做為的是真正未來即將來臨的「大宇宙大同盟」做先前準備功夫，而這一切準備工程是否完善，卻是決定人類通往大宇宙意志的旅途中是否真正成功的先決條件。

「大宇宙大同盟」應該是發自人類全體生命意識極致覺醒後，人發現到人本來存活於宇宙真正「正名正位」之後的聯結，此種人類的「自發性自覺運動」，不應該只限於人類本身的結合，而必然本於「大宇宙大我之愛」的原則，與一切各異其趣的生命體進行一種永恆的結盟。凡發之於生命大智慧而引導的行徑，其一切內涵所結出來的果，必然都是通往大宇宙本體必然的大道。若果，人自己的覺醒只落單於人自己的範圍，人勢必成為宇宙的孤兒，孤兒是最寂寞的自了漢。人只有打破一切的自了，融入整體宇宙的全面性大覺醒。

第十二章　覺醒世代的來臨

一〇七、覺醒世代的新時代運動即是新生活運動

「覺醒世代的新時代運動」必須徹底落實在生活當中成為「新生活運動」。

「新」字的定位必原創於「生命本然」作為「新」的第一究竟義。

人類的歷史本身就是一種不可測的變，人的存在必然也在變的無限裡尋求新的時代。時至今日的世界格局，人類普遍意識到「變」是唯一挽救人類免於惡果的途徑，格局在哪裡？遍訪山川大地除了人類染汙的死寂，偉大的心靈早已為人類自身所背棄。

惡果種於惡因，而一切惡因永遠與身為生命主人的人類結上永不可解的救贖果報。

「新」的本意是一切真正從內在反省，打破外求的基本理念，打破所有不能打破的侷限，生命無須活到無可救藥時候才想覺醒，到緊要關頭解藥是「解鈴還須繫鈴人」自家身上。

今日時代的惡果，充盈於每一張陌生臉孔上。朝九晚五的生命剩下的只有認命的份，這一切都肇因於人未能遵循生命內在的宇宙動能，對於自己日常生活內心直覺上的不對，未能當下細心內省，用情緒推己及人的隨便處置。活到最後，自己不是理想中的自我，而別人的存在更早已是自己生命形同陌路的「異客」。

「覺醒世代」必然有它對一切最新的第一智慧判斷，那就是：在人日常生活中以心的智慧、心智的靈動力量從事人世間一切的生活運軌。這樣的定位，用意在建立一切人在生活當中以自己的因緣自己覺悟自己。

人類之所以以無盡的輪迴走上毀滅的道路，其究竟因在於以不清楚的自我投射到其他人身上。

人必須對其生命的存在有一根本共識：人生命的真實含意是俱足一切智慧的圓滿生命。

人人皆有佛性，佛就是活出真正的自己。基於生命本來面目是自在的，所以，生命在生活當下的無限變動，皆是人企圖透過生活的變而頓悟生命的究竟新義。

覺醒世代的新時代運動勢必成為全人類追求世界大同理想的主導力量之一。

在全人類同時在全盤毀滅與世界大同之間做一切可能掙扎時，人類生命的整體意識唯有真正與大宇宙愛的大我能量全然結合在一起，人類方有可能在天堂與地獄中，明確地以覺醒世代的新時代全人類覺醒之意識，闊步走出一條覺醒世代的新靈力的新人類紀元。

一〇八、覺醒世代的商業行為是生命心靈力的具體展現

歲末寒冬，跟友人聊到關於她這次與兩位商業同夥前往澳洲進行商務貿易行為時，我指著牆上一張高掛的世界地圖說道：「你必須在往澳洲之前，徹底地再往內在心的世界做一次完整的『自我與自我內在心靈的親密關係之建立』；你必須有自己基於生命清澈時，自我內在靈力的世界藍圖大觀；因為，你必須源於你生命的特質，作為擴展你之所以想要以畢生心力拓展國際事務的背後企圖。不然，外在世界的擁有未有圓滿心靈智慧的消融，自己的身心必會體無完膚的破碎不堪。」

友人曾經在宗教修持的歷程中，自己生命清楚瞭解，與千手千眼觀世音菩薩有著如己般的體證。

而在她對外形成的商業人際網路裡，總會在其不同的商業需求上適時地出現貴人來相助，而其中有不少人本身的信仰是觀世音。

友人也反省到，她自己必須突破舊有的商業理念，自上次澳洲回來後，自己就「閉關」式地從事自我完全放掉的修持功夫，友人希望在下次的澳洲之行前，自己在世界觀的生命格局可以整個地在自己的商業氣質上圓滿呈現。

本然的，站立的千手千眼是「動」當中的菩提願力，而其三千大世界皆在其千手千眼的慈悲願力下，以心中的不動心聞聲救苦的化身千百億建立淨土國度。

所以，後來我也提及如何與願力相結合從事國際商業事務。

我說：「商業屬外在行為，是你施展千手千眼觀世音大願力的世間法，自己必須在一切的商業行為對應中，以大慈大悲的清淨心境，來善巧方便的與一切商業有緣者從事貿易行為。」

我們個人的生命本身的存有是無遠弗屆的。可是，商人在處理賺錢的日常工作時，由於商業行為與生命真義背道而馳，所以生命是極其悲苦的。吝嗇最常用來形容的就是商人，在中國的歷史也有士農工商階層之分，商是被視為最低階層；他們雖然在各界中最易獲利，但是，在社會的地位，並未與其金錢的數目成正比。

「商人重利輕別離」的詩句，說明商人為了利，人與人之間的親密是隨時可以被割捨的。而官商勾結敗壞朝政更是近代史上各國政壇時有發生之事。

可見，商業的行為是心靈最易墮落起分別心的大泥沼。更何況從事國際性跨國貿易，自身性命必須隨時自處在當下清明的光明中，方有可能免於沉淪；而自己及與咱們互相在利上的商業朋友，皆可在金錢與心靈上蒙受善的利潤。

而如何隨時自己保持生命的清明呢？這種工夫是日常生活的自我要求，自然而然的不存勉強心念的自我面對。

況且，對於商業本身內在含意的定位更必須徹底釐清。為什麼呢？商業行為是我們人內在世界藉由商業來完成自己商業國度的真實自己，我們必然地體會到，商業本身必須與生命本來的宇宙動能相結合，方能保證自己的心性不在商業行徑進行中淪為金錢遊戲下的孤魂野鬼。

傳統的商人心中既存的心態，只有永無止盡的貪求外在世界的擁有，對自己有利的資源無所不用其極地強行奪取，而在人際關係上的交易行為更是打破所有的仁義道德，視商業利潤是人生及人際建立的唯一目的。

商界是世界文明構架中最為主力的一環，更是近代文明普遍的人民日常需求。人必須工作從事商業的活動來經管自己及家人的生計，所以，一切人都在進行生活利益的獲取。

必然的，商業行為已是全人類日常生活的共同行為，而人如何認知自己商業行徑的內涵，勢將成為世界本身存在的主要引導力量之一。

如何全面提昇商業行為其背後的內在層次，已是全世界商人即刻要面對的大改變；而商業的內在涵養如何與圓滿的大宇宙動能合而為一更是未來覺醒世代商業人士本身必須俱足的主要條件。

我相信友人已經往「商業本身即是生命的完成」做最好的準備工夫。

一〇九、覺醒世代是人類自我覺醒的運動

覺醒世代運動使得人類大同的理想，必然成為唯一的事實。這是人類生命共同的終極利益，推動世界大同的人類全體共同夢想，一項真正屬於全人類內在宇宙大我意識的覺醒，正形成全人類新意志的大結盟，進行一種史無前例的世界同謀——覺醒世代運動。

一切生命存活於宇宙的浩瀚裡，基於宇宙本身運轉之必然意志，以生命之自主性來到地球，而肉身是生命在地球生存之完美形式。

然而，人來到了紅塵，心繫紅塵，也在紅塵情愛中忘卻生命的初衷。於是，世界紛擾不堪，人生視生、老、病、死為理所當然。

生命的初衷即是上帝的意志、天堂永恆國度對原住民的召喚。

覺醒已是大時代裡一切生靈必走之路。人生有夢半睡半醒之間，對絕大部份長久滯留在

紅塵的人類，真正覺悟到「紅塵並非生命真正歸宿者」是極少數的。肯在生活的悲苦中企圖改變舊世界包袱的，又往往困惑於何者為「生命真正的實相者」，最後也不得不放掉了生命的初衷。

覺醒世代運行勢必要推展，務必要成為人日常生活裡一種自發性的運動。運動即是運行之意，生活即是生命動的展現。動必須有能量，而能量的源起則來自「生命的自覺」。

「覺」本身就是「推動宇宙運行的根本動能」。事實上，人類真正的進化並不在於物質文明的建立，而是在於生命進化的躍進。人類生死之事未解，人類在紅塵所做的一切努力徒使枉然。

因為，生命來到世間一切真義未能恢復，誤以為生活的溫飽即為存在的目標，可惜絕大部分的人在擁有世界的過程也是在失去自我的歷程，擁抱了世界，死到臨頭仍然忘不了紅塵有問題的愛。可是，自身卻不瞭解一生的起落從未曾與自己生命實相碰觸過。人生何其可悲，生命盡頭徒嘆「棺材板長方條形一塊」，將無知於生命的自己埋葬在宇宙「永無止盡的輪迴」。

生命重新輪迴再來卻未能保障就能解脫生死之大事，且可能比以往的人世徒增更多不必要的十字架。所以，新時代運動今日之所以能在多災多難的地球，以一定的時間匯聚成一股世界性大潮流，正代表著人類自我覺醒的大時代因緣契機業已成熟。而能生逢盛會的每一種生靈本身本然要俱足如斯的福慧智慧，方能憑自己生命的自由意志突破「無明心障」，與大宇宙在地球遞演大進化的同謀下，以聯盟方式進行一場生命解脫、完成的大佈局。

當人對自身在生活的細微末處中，較能入定仔細審視自己不對、不順、不自然、不自在的當下情緒波動的直感時，人自己已經開始在自己的生活中改造自己的生命差距。

覺醒世代的新時代運動是全體人類共襄盛舉的生命生死大業，然而其基礎卻建立在每一位生命者的日常生活當中的當下每一刻。生死之事是不允許在生死的運行當中稍存無智的空隙，令無明的情緒干擾所有有關於生命解脫的分秒工作過程。存妥協、放任、及不信任的念頭，人只有再度回到悲苦的人世生活，而隸屬於「悟脫」的志業只有白白拱手讓人，今日自我因一時的私念而造成永久的輪迴，其一切都取因於人自己的不肯勇於面對自己的茫然。

不面對自己，如果沒有存心去正視它的存在，在一般人心目中並不是件嚴重之事。可是，覺醒世代的新時代運動蔚為世界大風潮的不久將來，人不面對自己都會覺得自己趕不上時代，會產生被時代淘汰的恐懼感。與其等時代來逼迫自己，倒不如人自己即時覺悟，自動自發的趕搭覺醒世代的新時代運動的列車，在有生之年完成自己的生命初衷及大時代的新世界之建立。

一一〇、覺醒世代之文字圖騰必源於生命內在的宇宙動能

寫作，應該是人對自己生命反省內在省思內涵的真實紀錄。形之於文字，其本身該源自於「生命的節奏」來呈現生命所要反映在世界的必然要義。作家本身生命的條件全然決定其寫作之內涵。

作品是良知的事業，是人對自己及自己所身處的週遭的反省紀錄。

我曾對自己提出一個質疑：「幾千年的作品，並沒有因為文章的累積而稍有解決人本身存在的歷史癥結。時至今日的世局演變，已經無人可挽回一切負面的情況，這一切正好說明了人類長久以來訴之文字的反省，是否能解決人類生命困惑是一大問題。」

人在歷史情節中不斷生生死死的演著人生的悲劇，窮盡人類所有的思考皆未能對人類共同的問題尋獲如一的解決之道。這一點實在是所有從事寫作的作家必須正其心本其真誠的思索，要不然寫作本身只是一份賺錢的文字遊戲，完全跟良知志業沒有任何關係。

自己常省思自己在每一字句下筆中，運轉筆跡其中背後的心靈是否達到百分之百的清明，這是一位寫作者對自己心靈的根本訴求。

一位心不清淨的文人，寫出來的作品未必能對人世做全盤的觀照。本諸於生命本來面目實非筆墨所能形容的事實，當作家試圖透過文字令其他讀者瞭解自己時，如何不會誤導讀者當時心念，是所有文字工作者必須謹慎審視的大事一件。

如果，文字工作者對其自己人生要義是不知不覺的，其人的作品只能算是外求的文章，可以賺錢，對人心並不會產生任何正面的影響作用。甚至，作者本身也只是在同時代中人云亦云的專抄馬路新聞的「被影響的第三者」而已。

佛說的「知識障」就是特指不知生命真義為何物，以知識形成過度的專業慣性，變成人思想的另一種控制與霸權。所以，對自己對讀者都必須畏因，不能成為知識累積的另一種文明障礙，而應以文字圖騰引領世代的心性，自己在文字工作的志業中，必須打破自己的專業知識之設限，以文字的內涵引動人性對世代的初衷，這才是真正文字工作者志業的方向。

一位不懂生命的人，其文章只能算是文字遊戲匠工——一種對自己對別人都不負責任的文字工作者。

其實，寫作本身應該是一種生命自覺的表達，人為了將生命最真實的智慧，以語言形式展現於世時，同時也是為了令世界的存在令其更趨圓滿。可是，人卻以文字互相詆毀、殘害；甚至，文字成為暴政者的私心工具，以文字的魔力欺蒙世人而使人為其私心所利用。

文字無罪，使用文字者其心之罪也。是故，一切從事於文字工作者，必應以生命的真智慧來善用文字功能，使文字成為「令一切人面對其生命」的最佳工具。

一一一、覺醒世代運動的新人生觀——寧靜致遠

「寧靜致遠」四個字等於直接陳述了寧靜的心靈其人生態度必然是高瞻遠矚的，凡事皆能深思而後謀動，此等人之心性必然是「清幽雅致的中性性格」之人。

現代人最需要的就是內在心靈的寧靜。曾經有新聞報導了在美國洛杉磯市，正值下班顛峰時間，天候又熱，有人按耐不住，車子不小心撞個正著，當場竟有人因一言不合而開槍射殺對方。

一時情緒上的累積，再加上事件的發生，正好點爆了午後下班的殺人進行曲。人命雖是關天，人命卻易遭外物侵略而喪命，所以，人必須學會珍惜自己生命。

情緒在一場偶發的瞬間，當場情不自禁的衝動下，有些人竟莫名其妙的與可愛的世界來不及說再見的道別了人世，而死亡帳單上交簽的字眼「意外事故」死亡，說有多不值得就有多不值得。

現代的人生是處處繃緊的年代，尤其是先進國家，人人為了謀求三餐的溫飽，或為了永

無止盡的物慾追求而將人生的節奏整體的推往高速度的生活時間裡去。於是，現代人在習於忙碌的生活之後，人寧靜的心境也消逝在現在的人生舞臺當中。

當然，歐美人士不像東方的先進國家日本，歐美人士在工作之餘對休閒活動是生活的主力，基本上，他們在精神層次的涵養對忙碌的人際關係還是能產生協調的作用。

可是，這個層次仍屬相當外在的修心養性。歐美人士的物競天擇及達爾文的進化論，在說明了人定勝天、人必然會征服大自然的外求之野心。大帝國殖民地之主義會在人類近代史上發展達到極致，其中只說明了歐美人士對待大自然是徹底採行對立主義的大帝國心態。而國勢往外拓展的事實致使二十一世紀的今日，仍然有殖民地的地方接受不同種族的不平等統治。

事實證明了，今朝之所以導致大自然的生態環境與生活其間的萬物生靈，遭受到空前未有的滅種之危機，這一切有關的前因後果乃源自於人類心靈極端的喪失「寧靜必致遠」的高尚情操。

人業已忘記自己的終極來處是大自然懷抱千百億萬年進化而成的萬物之首的人類。人對自己的根本，大地——擬似母親懷胎十月的大自然因人類內在世界相對立的二元論，人類竟採取了必征服之的企圖心，採對立的侵略行為。於是，大自然變成最沉默、最無反抗意圖的敵人，自然而然的高舉投降的雙手，任憑已失去寧靜心靈的人類宰割。

而今，面對二十一世紀的今日，也是人類窮盡一切惡因的最後年代，人類生存的時空已經開始在接受大自然無聲無息的大反撲。而今日生於斯的不幸子孫們，無不用盡心思的提倡環境保育運動，對大自然與生於斯的萬物生靈大力進行免於被滅種的生態保育工作。

而配合這項工作的背後內在心靈世界，如何在一定時間內令人類的心靈在日常生活的情境上，恢復寧靜的生活心態，便是「覺醒世代的新時代運動」。

環保運動可視為人類重新定位人與大自然新關係的建立，與對大自然本身的恢復，人類自覺到而以實際行動保育大自然恢復生機的最佳例證。覺醒世代的新時代運動負有成就「人類世界大同的和平使命」，其所提倡要義旨在「使全人類的意識能與大宇宙的大我之愛合而為一」，做為人類及一切生靈精神意識大超越的知識理論基礎。

生於此大世局變動的人們，不分種族、不分人類及其他大自然之生命型態，可以說是存在著最極致的幸與不幸兩項的生存挑戰。

許多靈魂媒介的人士、各宗教修行之大德們都已在適當時機，提出了他們對人類的忠告。而審判是上帝與魔鬼（撒旦）協議同時進行的人性大檢討的年代。其中那些未能正視自己生命真實意義者，且一味在生活裡進行負面的人生行徑，勢將在其人生命的必然過程中遭到無情的淘汰。

唯有那些善體自己生命內在的中性力量之指引，在生活的內涵裡逐一修正自己的負面人格，令自己的存在當下是健康而光明的積極人生面貌，方能在歷經一切的考驗中屹立在覺醒世代的新時代的新生活中，真正自在的過新人類的新生活。

深悟寧靜的人生，其人必懂得在生活的運行中深謀遠慮，其行徑對己對人只有全然性（中性）的圓熟助益，根本不會令其他人產生不愉快或負面的影響。

基於對覺醒世代的新時代來臨的莫大希冀，我們誠懇而直接的提出面對自己的要旨：「寧靜方能致遠」。

人類的歷程是與生命本然存在形成永恆的對照，生命之路是長遠的旅程，相信所有生命都能在他們生命最深的清晰下，完成其人生無盡輪迴後應得的「生命最圓融的報酬」，真正的令一切生命以其大自在的意志，在清淨的中道淨土存有。如此，才是人類生命歷經無盡苦難最終極願望的達成。

一一二、覺醒世代運動的終極企圖——世界大同新紀元的完成

我們因為生命有愛而歷經千辛萬苦，如彩虹般的飛揚來到這紅塵萬丈之三千大世界。

我們之所以來到人世所寄望於自己的終極是——為我們所必然恢復的生命動能，去全然的完成生命使命。

生命有愛，而愛如何在人世完美達到，是你我降臨人間的生命初衷。

我們相信，展望二十一世紀，全人類必將為自己存在的一切完成人類自己對自己生命的終極付託。

人類生命的終極大愛——世界和平的大同世界真正在地球以人類覺醒的全體生命意志共同完成。

第十三章　生命的深化

一一三、無預設的生命

時至今日，深透第一究竟義的當下通悟，我們了解到，生命並不像一般人所想像有某種可設定之事物或目的。假如說，我們果真以為生命之終極必然存在某種解決一切生命問題的真理或答案，我們只不過是重覆的將一種設定的理念，再次假真理之名預設一終極目的，而令一切有終生職志於生命圓滿追求者，掉入永恆之「大想像」的自我意識不究竟泥沼中，不能自拔而已。

金剛經云：「如我解佛所說義。無有定法名阿耨多羅三藐三菩提。亦無有定法如來可說。何以故。如來所說法皆不可取。不可說。非法非非法。所以者何。一切賢聖。皆以無為法而有差別。」

「無有定法名阿耨多羅三藐三菩提。亦無有定法如來可說。」

「無有定法」乃為佛說——第一真諦。生命最根本究竟義。

心經云：「色不異空。空不異色。色即是空。空即是色。受想行識。亦復如是。舍利子。是諸法空相。不生不滅。不垢不淨。不增不減。」

所以，當我們直接傾生命之全力活在當下的「生命面對」，所有通往真理的可能，本身就是在徹底打破世間一切有增有減的有目的之大想像。

若果真理本身的存在是可以通過某種「形上預設」的邏輯思維，人間的一切因因果果、果果因因，又如何去以有限的知識分析理解生命本然的無量劫輪迴？三世因果人皆已不能掌握於絲毫，更何況是浩瀚宇宙的終極存有。

有區別、有設定某種名目的，是人以「生滅之心」理解生命存在的認知。

此等理解，絕非生命的本來面目。生命之本來面目並非理解出來的，而是人基於生活的一切有為預設，已然在人心靈世界存在了不足以解決人生的困厄時，人開始以自己每一個生命主體的運轉特性，試圖「打破」有為設定的格，而令人自己「自我覺醒」過程中——以有為的生滅之病因，而真正體悟無為的不生不滅境域。

「所以者何。一切聖賢。皆以無為法而有差別。」

真正生命的智者，是以「無為法而有差別」——以生命本然清淨的不垢不淨之心靈做為判別生活中的一切。可是，就我們一般人的理解正好相反，以「相對」的「分別心」著相於人世中預判生活的種種，而生命的純粹自然消失殆盡在「有為」的相對立論中。

我們必須徹悟到：覺醒是生活於今日大時代變動中唯一拯救自己心靈的最佳途徑。智者無慮，了解生命實相而已，如此之心靈體悟已足夠令人安然一切生活中無窮的變數。

所以故，真理本身不在於一切對真理存在的解釋與言說，真理本身的存在正好是在——打破一切對真理所做的設定。而當人真正在自己設定的知性理解體系裡如實打破了一切名相時，人自己必然真實了解到，原來所存在於一切名相終極處的生命之本然，原來是如此的純粹而自然，且如此平常的存在每一生命的心靈深處。

所以，我們必然相信生命的第一究竟義就是——如實面對每一刻當下的自己，了了分明的清楚自己在生活中的純粹自我。

一一四、全然面對自我

人自己的面對，其中最難解決的，即是生活中面臨必須判斷而做抉擇時，人自己卻將人生最好的「智慧源出的當下契機」，無知的當作是人生十字路上的黑暗面。於是，對絕大部份的人而言，他們自己竟選了「模稜兩可」的曖昧人生。

人對於真理的探索總將它視之為最恐怖的事情，而寧願一輩子不清不楚的活著。可是，不清不楚的人生到最後只有在現實世界做無條件的妥協，妥協的結果是徹底喪失真正的自己。

或許，生活裡的一切外在形勢，日夜不息的運轉，我們人可將心志的內在問題，全部轉移到外在的事物上，暫時的放下心靈工作的自我面對。外在形式的更迭令人目眩不暇，試看我們平常走在街上，迎面而過的陌生路人，極少見到面帶微笑的人們，極少看到帶著閒致心情從容走在街上欣賞城市風光的。有的是臉上充滿憤懣的表情，以及對過去、現在、未來的人生不知何去何從的迷惘。這些情形都是當今現代最直接的寫照。

現代人忙碌的生活，雖然暫時令大多數的人免於面對內在心靈的呼喚，但是，生活的本身不斷的橫生矛盾、纏鬥、掙扎、破碎的人際關係。有智之士看到的是：時代的推演，勢必將人生不能解決的課題，做一終極的累積，到一切不堪負荷的時候，再一次的引爆，以最根本的破壞力，令一切生活的無奈回歸到生命最本然的原始面目。

有時候，心寧可狠些對待自己，用最直接的方式「揭穿」現實面的無力感，人們總以為擁有外在世界的本身，即是如實令自己的存在在世界的角落佔有一席之地，是非常可悲且無知的認為。

我們仔細再看看現存的世界真正黑暗面，為什麼人們開始在既存的世界開始學會擁抱外在物質世界的時候，人存在的情感世界跟著開始不穩？擁抱世界越多越久，人們心靈世界的痛苦越長越深，到頭來是——擁有世界的過程是人在失去自己的過程。

而當人在生活的當下意識到，擁抱世界的現實面竟是如此痛苦時，人必須了解到——唯有完全從現世的外在擁有，往內在心靈世界追尋自己的真正自我時，人才算開始與人的心靈真正建立直接的聯繫管道。

所以，跟自己建立內省的管道，首要工作必須從外在世界的盲目追求，完全轉入對自己本身的全然自我面對。

面對今日世界的局面，我們本著良知特此強調：「全然面對自我」是根本挽救世局的途徑。

人因為不懂得面對自己，以及不明瞭面對自己的重要意義，導致人存在的世界被全都是不瞭解生命之人擁抱，而瀕臨毀滅之惡運。心必須明瞭，人所要挽救世界的真正目的，並非真的是去挽救現實世界存在的本身，而是藉挽救現實世界的理由，真正納入人自己生命本然軌道，挽救人自己面對自己生命的最後契機。

人挽救現實世界是極其可笑之事，地球是大宇宙中的一小行星，如同人身上的一個小細胞，宇宙大有本體每一種當下都有星球在生滅之中，如同人身上細胞每一分每一秒都有生死。這種新陳代謝情形在有機生命體而言，都是極其自然的。

就「成、住、壞、空」而言，地球所代表我們居住的現實世界，其生成與毀滅本身是宇宙中的常態。然而因為人對生命本然的無知，而人卻試圖去挽救一種「常態性的生滅現象」，忘卻了挽救人自己之所以存在這個世界的「生命根本要義」。

所以，明白的說，人在這個世界所真正要挽救的——唯有人自己真正的生命一事而已。其他現實世界既有的存在，也只不過是為了提供人去體察自己生命本源的外在憑藉罷了。

一一五、覺醒的道德

道德本身的存在是超越一切形式思考的根本存有。

道德被一般人理解為後天接受的社會價值判斷，或是在人類歷史古代人物制定的某種生活公約，或在整個大社會中「一種無解釋而因應某種需要形成」的道德觀。

但是，當我們真正深入人類歷史做仔細的觀察時，我們必然了解到：每一個時代的主要道德標準都不一樣，有時候在同一時代不同地區，同時存在好幾套的道德標準。

道德的存在是會變的，就人世有形的道德標準，不同的人有不同的主觀道德，而一個人一生當中的階段，其對道德本身的理解，也會隨年紀有所改變。所以，我們必須承認一個事實，那就是——道德的外在形式是因時因地因人而異的。

然而，道德本身無寧說是——人生活在世上的人生觀，更來得具體。道德本身的存在是人內在反省思維，自然投射於外在環境的思想及行為，而人本身的存有才是道德存有的絕對主導力量。

道德會改變這個事實，更明確的省思，應該說是人類本身的改變。當人有所改變時，人所企求於世上的存在判斷必然會面臨調整的階段，於是，在人類歷史舞台上，處處可見革命性的改革。之所以有所變革，完全是因為人生累積某一歷史階段的意識後，自覺到必須跨越業已僵化的「道德公約」時，人是唯一真正能改變歷史及道德行為的主人。

人們在反省歷史時，常以為人被冥冥中的力量所牽引：人是被創造的、人的存在是上帝的恩賜、人存在的一切條件中，人並非自己的主人……。可是，人歷經了一切未知力量的考驗，終究要發現：人所沒有發覺的並非是外在環境的巧奪天工，而是存在人內在心靈深處尚未被真正擁有者——人自己所開發。

當人總以為人自己的命運是被宇宙某種為人類所不能知的力量安排時，絕大部份的人只有將自己的人生觀擺放在較沒有自我的地位，甚至是人生存在的意義根本就是「放棄自我的意識」，而將宿命的認定當作是人生活的道德真理。因為如此沒有自覺的人生觀念，導致在人類歷史舞台上極少數較具前瞻性的人物，試圖以創造的心力提供人類面對過去、現在、未來一切「新的生命觀」時，這批少數人是被僵死者視以「異類」、「叛國」、「邪端」、「異說」，不可勝數的無知理由，將這些人活活釘死在絕大多數人無知的「道德十字架」上。西方基督教聖哲耶穌基督本身就是最明顯的例子。

人因為沒有能力真正的去愛自己，於是，人類對這些真正體會「大愛」的真理者，以自己業已死亡的道德標準硬架在他們對愛的犧牲與奉獻上。於是，人類用自己對生命的無知阻撓人類本身的進化；人類用自己對愛的愚蠢扼殺人類自己開往未來文明的一切可能。

人類歷史文明就不斷以舊有的道德摧毀人類試圖創立的新道德。

而永遠陷溺在道德遞變過程中的是——人自己。唯有解決人類自行在人類生存的空間所製造出來的道德形式與內容之爭，人方有可能解答所有關於道德根本問題。

人如何在道德變動中，了解自己存有的根本要義，是解決道德問題關鍵所在。

道德會變動，是因為人存在本身的意義會變動。當人未能真正從對立的思維中解脫出「全然」的思考時，人必然長久流浪在「對立」、「多元論」的價值體系中生活，並以此理解為「真理」的標準模型。而當人通過幾千年相對性的生存哲學時，人類的腳步已經在現今年代發生「人類下一步驟該怎麼走？」的問號。人唯有真正從內在心靈世界去開採尚不為人所知的潛在能量時，人才能有機會找到解決對立性、專制性、極權性的解答，了解抹煞人性的霸權主義為何能在歷史舞台上長期存在。

當人真正能從自身內在心靈體會生命永恆不變的動能時，因人類外求而形成之外在文明道德，必將改變為具永恆性的道德意識。

對新世界的新道德而言，人對長久以來泛道德意識型態一變再變的情形，人類心靈深處普遍感到無比倦怠與疲累。新人類的興起，代表人類已經自覺到人類真正需要的道德是真正發自人類內在心靈意識的覺醒後，自然發生的「覺醒的道德」。

「覺醒的道德」應該是與人生命的本然真正結合在一起的，它是有機體的、有生命意識的、有自然功能的「大我普遍意識能量」的結合規範。「覺醒的道德」應該是一切生命自動自發的覺醒世代的新時代的生活公約，是人自己主動自主生命而與大宇宙根本意志聯結在一起產生的「宇宙道德意識」——一種真正發自人類生命最深最根本的生命動能。

「覺醒道德」的成長，必然與人類往內在心靈自我面對中，生命的恢復過程成正比的。人類歷史上所有經歷的道德內涵，之所以未能真正解決人類本身存在的問題，是因為它不是出自人類內在心靈的道德覺醒。舊有的道統全源於生命之外的約定俗成的外在強勢制約，根本上與生命的需求背道而馳的。

與生命之需求不相符合才是造成人擁有如此豐盛的物質文明後，人內在的情感更是瀕臨恐懼、不安、毀滅的莫名因素之真正所在。因為這一切都不是生命真正所要的。只有把生命的問題還原給生命自己解決，人自然了解到「生命就是道德」的實質內涵。

一一六、生命自我的完成

人之真正了解這個世界的具體實相，其基礎是建立在人真實的了解自己內在心靈世界的存在真義；而人之所以能如實了解自己，其根本乃建立在人有純粹面對自己之能力上。人絕對要有能力以全然而無任何雜質之決心毅力獨自面對自己，人存立之世界少有可能真正改善面前世界當下所有存在之負面局勢。

而當人以一純粹自我之力量解決生命問題時，人因為昧於生命自我面對之全然性的根本瞭解，而易誤解生命是一極端孤寂冷陌的人生旅途。寂寞、孤單乃指大部份人無能力處理生命存在之根本志業，而一味放置生命於外在企求的物質野心，徒增人生諸多不必要之負荷。

當人類頓失外在憑藉物時，人瞬間竟不知所措的對自己每一刻生活細節上的安排，失去獨立自主的能力，人太容易自以為現世的擁有即是對生命本身的根本內涵有了必要性的交待。這是明眼人視為極其可笑的人生價值判定。於是有許多自以為是的才子佳人，其人生落得最後結果是——以最亮麗浮華的外在，裝飾自己虛浮不實的生命意義。

人必須要求自己從根本去了解，通往生命實相的終極完成而言，人由於必須歷經一純粹自然之「實我」的終極體悟，人自己必然有一段不可預設其時間長短的「無我」的獨自省思過程。唯有頓入全然忘我之實境，人才能真正了解到，絕大多數之人從生至死都將寶貴生命淪陷在雜染污穢的人際網路上，自己從來沒有給自己機會從其中超拔，而體會「無我」中——真正「實我」之生命本來面目。

當然，處於現代人際繁忙的社會生活圈中，人與人之間節奏是極其快速的。然而，我們並非有意在生命的反省上與時代必然的發展趨勢持對立的角度討論。相反的，正因為時代的客觀條件，其時空運轉之速率，必然會打破一切有限之時空設定，而將覺醒世代的新時代帶入一展新的全然性時空的中道之時代運轉節奏。

變動到極度就是「不動」，而一切變動之所以能夠無限制的在一切狀況下進行，其根本處必有一「最圓滿的不動」作為基石。

「最純粹自我心靈世界的真正建立」即是「世界真實面目的根本建立」。今日世界如此複雜而污濁，乃是人心靈世界早已遺忘人原來的存在是「一純粹而唯一的實體」。人性不再單純，世界必然在外表形式上呈「熱鬧」、「不願孤寂」的景象，所以，世人都說人是合群的動物，然而，當我們深刻的自我批判時，必會驚訝於非居於同一信仰的群眾力量非常容易為客觀形勢所改變的。為各自不同私益而群聚的組合，其中爭取利益過程中，當利益尚未為各自所獲得時，大家已在為利益之分配爭鬥了。

而純正單一的信念，為了一覺醒之目的，進而自動自發形成之組合，其主客力量全操之在己，必然能在自己及團體力量的結合下，於一定時間內建立共同的精神理念，宗教是最具代表性的團體。

所以，人要如何真正驅除內在的莫名恐懼與不安，唯有相信自己存在之心靈世界的實相是一純粹而單一的實體。人終極一生為了真正純然建立自我的生命價值體系，人本身必然會經歷人獨自面對自我時，當下仰仗全宇宙之力清淨「無我」於一瞬間。歷代高僧有很多人有所頓悟後，入深山或到人煙稀少處，給自己一段全然面對自己的時空。

而當人的生命在純粹信念上，自然呈現如此這般的真正自我，人進一步所要面對的問題，即是如何因應世間眾人所需而呈現一切方便法門，令一切生命得到內在心靈的紓解。

人生命獨自傾全力的「自我完成」其終極目的是為了：當一切因緣成熟時，能夠有智慧與大宇宙一切生命共生死，一起為生命大業一起尋求「解脫」的根本企求。這種大我精神正好說明了佛家「同體大悲」的偉大精神。

一一七、心靈國度

我們必須將人內在心靈世界的省思，完完全全落實到人實際的生活中去運轉，唯有如此下功夫，人內在心靈世界的真正理想內涵與藍圖，才是真正的與世界結合在一起的。

人一切的理想，之所以傾盡一切力量去努力，其終極目的是為了能在世界真正創建一如佛家所說之「極樂淨土」。「淨土」不在彼岸或此岸之對立名相之爭，而是活在人當下的生活心境。

人必須為自己來到世界做一終極與真正符合自我期許的完成，那就是——活出真正的自己，並與一切生命與同為極樂淨土國度盡一份最大的心力。

第十四章　生命的反省與探索

一一八、生命的叩問

當人自己不想要再回到生命不清楚的自己時，會覺受到生命無法清楚是人生中最大的苦難，一想到生命無法有叩問的機會，一生能叩問幾回？幾回的叩問能有多少的覺受？這一生將以最大的心力去叩問自己生命存在的意義。

生命不清楚，怎麼活都是問題，最可怕的是不懂得叩問自己生命是何等重要的事，想要叩問生命，是不是有那樣的決心？或者那樣的機會？如果生命的叩問已經有所回應，是否能夠維持叩問生命的時空與狀態？

萬一因為無常的輪動，都隨時有可能失去叩問生命的機會，內心將會是何種的悲傷？生命有可能又被打回完全不知生死為何物的存在狀況，人要給自己叩問生命最大的機會，才是人唯一改變自己生命機會的生命叩問。

一一九、生命的落實

面對生命落實最直接的問題。首先，不管我自己對生命的反省到那裡，最重要的就是我必須考慮哪一種具體方式來表達。

經過百般考慮之後，我選擇了創造，創造的方法就是寫作，寫出生命反省的內容。然後，我面對第一個問題就是語言，寫作的語言。由於生命的特殊，我自己在表達生命的內涵太拘泥於生命的內在，連帶著語言的特殊化，有時候令溝通產生不必要的障礙。所以，這是我自己在談話及思考所應用的文字結構，都必須落實到一般人能接受的範圍裡。要不然，說什麼對生命的反省及對生命終極關懷，必將全盤落空。

所以，生命要落實，必須對自己所處的一切做最真實的反省，反省在自己的真實裡。

事實上，能夠讓自己在落實時有所著落的定點，自己的生命特質是最重要依據。生命的特質就是人自己，而不在自己的本位落實要到哪裡去落實。

所以，我反省到，在寫作語言上，一方面要保持我自己文字結構的特殊性，同時語言能夠簡單而有力的表達到讀者心中。

如果，一個創作者連這一點都做不到，再偉大的理念都必然得不到適度伸展。

所以，落實定點在自己的真實生命上。而語言脈動也必須代表著，流出你真實生命的完整頻率，然後，透過一般人所能接受直接有力的文筆力量，加以伸展開來，這就是生命真義在世界落實中必經的重要歷程。

一二〇、生命的意義

生命是什麼？人類日常生活裡無不是存在著迫使人去面對自身生存的當下真義。

生命是什麼？生命是否有答案？還是生命根本不是答案？只是有生命知覺的存在形式，都必然在生命存在的當下感受著，去承受一切屬於覺受的感覺。

生命是否有終極？既然人面對自己生命的問題，或人企求於人存在本身的最後，是否有其生命自發自顯自明自證的極點？那麼，人對一切存在有了終極關懷，於是，生命在成就自身及所處之無量時空的同時，也必然為生命的第一真義做永遠的追求與期待。

生命的意義往那裡追尋？著手的地方在何處？人的生存無不在人當下所處的環境裡。所以，生命的一切可能真義，著手追尋的地方一定是在人自己的日常生活裡。事實上，人也是在生活的歲月裡，隨順每一種生命特質的自我要求而自然呈現的。

日常生活的存在意義是誰在決定的？是人自己。日常生活中所有呈現的內涵無不是人自己直接的表達！表達什麼呢？表達人自己生命存在的一切根本意義。所以，人不管他自身與他人有何差異點，無不是在生活中對生命在做一種永無止盡的表達。

那麼，我們不禁要問？為什麼人類存在於地球的生命形態是這種狀況？而不是任何另外的一種？問題有可能回答的嗎？即使人類的聖賢提供了一些他們一生努力於生命反省的答案，那麼誰又是檢證答案為生命真義的最佳人選呢？事實上，人類存在的所有有關生命追求的答案，尚沒有讓所有全人類共同真心認同的唯一標準。

當然，這裡面於是延伸了一個問題，就是生命的答案也許不是在追求唯一的生命真理，而正好是另一種理解方式。

那就是，讓一切生命在日常生活中，本然已呈現的一切狀況無不是就其生命緣起做了最好的意義表達。也就是說，人類在為自己本身的存在答案，做了一切努力之後，人類自己發現，人存在這個世界的生命意義，就是人類一切生活的本身。就像人類用盡一切形容太陽是什麼的同時，所有的形容與試圖要以任何意義去理解太陽本身都不足以含括，只有太陽自己就是太陽。

換句話說，人類自己就是最如實的自己，人類的生活就是如實的生命意義。終極生命，其所要表達的，就是屬於生命的存在及完成，不管其發心的大小，或所要去成就的願力有多大，所有的起點與終點都自己來。因為，在面對生命的完成中，無不是自己，而自己的忠實面對，也就是對生命的忠實面對。所以，生命自然自主無預設性的呈現方式，可以讓人自己用自己最自然的當下，結自己生命親切的緣，其獲得的成就感，就每一個人自己生命狀況，而冷暖自知了。

就我個人來講，生活就是生命，所有屬於生活的一切都自然的呈現生命當下第一真義。其實，生命如此充其量也是為了讓自己是如實忠於原味的正常人。生命的本然俱足在每一個人生活的當下，最自然的相應，最自主的呈現，生命就在當下的顯相中，完成了人一生中對自己的存在之願景。

二二、生命的探索

面對生命的落實真的要那麼痛苦嗎？我一直在思索人的問題。生命是什麼？或許，這個本來就是沒有答案的答案。

我四周的朋友，幾乎都是對生命有著執著的人，他們本身都是知識青年，對自己生命的自覺、對時代的關愛，在同年齡當中，都是一流的。但是，為什麼在他們本身全然的對生命做反省的時候，他們跟四周的人群隔絕了？為什麼他們對生命拿出如此勇氣探索的同時，他們竟聽不到四周一般人的聲音？

這是個很大的危機。

為什麼在人類歷史上，永遠會有這種情形發生？反省生命不是每一個人能做的。也許，站在人本位立場，相信每一個人都在用自己的方式，在自己的生活當中面對生命，可是，畢竟能將全部的心力做如此龐大投入的人是少數。而且，用所有心力面對生命是需要對自己對社會所處的時代，有個最深切的真愛，而令自己自然而然的投入。

在我觀看四周朋友的情形當中，我對自己提出了下列幾個問題。

一三一、生命的根本

面對生命來自哪裡？

是的，面對生命來自哪裡呢？要面對生命，必須有個著手的地方，如果，面對生命連著手處都沒有，生命本身是落空的。

面對生命當然是來自自己，自己的什麼？自己的生活，自己在生活當中與一切事物相處的感覺裡。

事實上也是如此，因為，我們人的世界是以人為主的存在，而我們在這個世界的生活意義，都是最自然的以本然的我投射出去或者是回歸到自己本位。所以，自然的，我們可以很直接的說，面對生命的根本是來自自己。

二三、生命的奇特

面對生命一定是痛苦的嗎？

這是我難過的地方，在我接觸面對生命的年輕朋友當中，所有面對生命都是痛苦的過程，這個問題對他們來說，他們習慣於痛苦的面對生命。

首先，我必須強調的是，我不認為面對生命必然是痛苦的，但是幾乎在我觸目所及的世界，面對生命是痛苦的。

之所以面對生命會痛苦，我不認為這只是表相的，或者是方法上的問題，我相信，這已牽扯到整個人自愛或不自愛的問題。為什麼？因為，他們本身並不認為面對生命用痛苦的方式是錯誤的，而當他們在面對生命時，四週的人看得出來他們明明是很痛苦的，他們自己並不認為如此，就算是他們自己本身承認，也不知如何擺脫。

其實，這種情形，也是我曾經面對生命時，存在的最大困惑。

照理說，面對生命是為了令自己或者是四週的人更好，但是往往其結果都是相反的。在投入比一般人更多的心血同時，彼此真誠拿出心力面對生命後，結果，不但對生命本身，在自己或別人的定位只有更加迷惑，有時候，甚至比原先還更不清楚。而由於過度的面對生命，反而自己在身體精神的消耗只更加倍於一般人，致使自己在面對自我及簡單的日常生活當中更加消沉。

我自己相信面對生命不應該是這樣的結果，但是，似乎大家到最後都知道這個問題的嚴重性，可是都無能為力。

也許，今天我提不出一個具體的問題核心來解決這個問題，可是在面對純屬生命的問題上，我誠懇的將此一問題提出來共勉。

一二四、生命的事實

為什麼越面對生命越與世隔絕？

當我在想這個問題時，我並不知道為什麼，我提出來只是反應這個事實，也不知道為什麼，對生命越來越有自覺力時，面對生命越來越清楚自己時間空間的定位時，同時也應運而生一個大問題，那就是，生命越清楚自己及別人時，自己跟別人的距離反而拉得更遠。

我想到，這就是為什麼在上位者更瞭解基層人物的心態時，總是轉錯的原因。

到底，這種清楚有沒有問題？是面對生命的真清楚？還是假清楚？

面對生命的誠意，是為了原本已趨冷漠的人際，找到病源作徹底而根本的打算。可是，我發現全心全力面對生命的人，他們在面對生命之後，卻比還沒有面對生命時，更遠離人群，這到底是為什麼？面對生命之後的心，反而在人群當中顯得格外的寂寞和奇特。於是，四週的人也就對面對生命的人採取保持距離的對待方式。

我仔細想過，我相信面對生命的誠意是真心的，但是，如果，這個問題不改善的話，面對生命的善意與期待，都將全盤落空，到最後面對生命只是個人在象牙塔裡自怨自艾式的自憐，而嚴重的話，會變成自己和整個世界完全的對立與隔絕。自己面對生命於自己及社會、時代的誠意，終將全部落空，而他人永遠的將面對生命之人擺脫於他們生活之外，劃為異類。

如此惡性循環下去，大多數的人到最後，仍願選擇寧可帶著多少存有迷惑的心面對生命與生活，生活也不願因看到面對生命所造成原本的擁有全盤的失去。

這也是我提出這個問題的主要反省。

二二五、生命的自然

生命是一種答案嗎？

為什麼面對生命的人都在用畢生的經歷追求生命的答案？問題是，生命有沒有答案？如果，生命的最後是真的有答案，為什麼人類從古至今所有有關生命的追求都是沒有答案的答案？

每一個追求者，最後再透過某種專業性知識領域，或者是其個人生活上的反省，作對生命的詮釋或提出一家之說。但是，眾說紛紜，到底什麼是生命的答案？自始至終，總是沒有出現可以永恆的代表——生命是什麼的最後答案。

當然，我自己也只是提出我個人的感受。生命不是在答案與否，而是生命的根本是一種自然存在，不是用追求「生命是什麼」追求得來的。如果生命追求者把生命當作是一種客觀對象的存在再加以研究剖析，那麼，自己和生命之間，變成主客的對立，永遠是感受不到生命本質的。

這個出發點是非常的重要，為什麼呢？生命來自於自己，而當我們將生命反應成一個生命之外的對象來研究時，我們本身的心已經轉成一般性的研究方式，而這種心根本結果是永遠落在自己生命之外來反省生命是什麼，心在外求而不源於自己的生命質感，根本上是落空在追求生命的終極。其實這也是我前面提到幾點生命為什麼會痛苦，生命的追求者，為什麼會在追求過程中越變得與世隔絕。這是一個根本因素。

所以今天在此，我必須表達，生命若只能著在表相去瞭解生命，如此反而更會扭曲生命的真面目。

事實上，面對生命的反省，往往只要用單純的心，真實的讓自我的純然感受於生活當中去體會，久而久之，生命的真我早已在日常生活當中隨時隨地的平凡生活著。其實，這個就是每一個真實的人真實的生命。

一二六、生命的定點

生命有定點嗎？

生命可以有定點也可以沒有定點。人需要在生命中尋找定點作為生活在人海中複雜關係的定點或者是根據時，這個時候的自己是茫然而沒有根的，這就是現在人處在這個時代的最大困惑之一。在自己及別人身上一而再、再而三的找定下來的感覺，於是，很容易產生人與人之間形形色色的極端變動關係，相互追逐彼此感覺的遊戲。

事實上，用這種方式是不可能找到什麼真正的生命定點。甚至，當自己以為自己在工作、或人身上找到這就是自己所要的感覺時，自己以為找到生命的定點後，將所有一切全部投入，到後來當對方、或時空、或內容有所轉變時，生命的定點感馬上就失去了。於是，在人的世界裡，層出不窮的發生關係的離散，尤其是現代人，幾乎是在每一個人的生活當中，每天都在發生無數大大小小的變化。生命到底有沒有定點？生命的定點就是你自己的感覺可以決定定點如何。

其實，這中間最大的關鍵，是在人面對生命的茫然，試圖在找到定點時，將所有的一切寄託在一個定點上，並且把定點物化具體化，變成一種關係或一種對象來處理，而這種方式是本末倒置的。甚至，可以直接的說，就是因為用這種心態這種方式，反而更加速生命自我的失落。

所以，反過來說，生命的定點還是從往外求的心回到自己這一點是非常重要的，因為你在生命之外找生命定點，而生命之外的另一個自己也可能是在找生命的定點，而對方是你自己所更不能把握的，必須回到自己來反省生命。不然，當對方的感覺改變時，你自己便馬上失去了生命定點，如此循環，必然失落自己，而沒有辦法從對方身上拉回真正的自己。

而回到自己就是回到生命的本源，而忠於自己也就是忠於自己的真實感受。其實，生命的定點很簡單，多想想自己，多體會自己的感受，多瞭解自己的特質，然後加以清楚的流露出來，久而久之，自己的本質自然會令自己在一切的人海中隨時能調適出任何需要的定點。

人自己本身活著的自我是自己生命最大的定點，而自己也確實是自己唯一的定點。能否清楚而有效的在人海中發展出來，隨時忠於自己感受，而以真實感受作為活在世界中的隨緣定點，久而久之，必然能夠真實在每一種過程中，如一真實的活著。

到了自我的全然不斷的開展出來時，事實上，也就沒有所謂的什麼是生命的定點了。

二二七、生命的本意

生命如何落實？這對人來說是最難的問題。

可是，最難的問題是自己用最難的心來處理。

所以，最難的問題也是最簡單的問題。為什麼呢？因為生命是你自己在決定生命的一切，最難的是自己，最簡單的也是自己，所以，生命是最自然不過了。

你自己是本然的真我，如實的活出來就是了。

如實的真我活出日常生活中，那就是生命最自然的落實，那就是生命的定點，那就是生命源於自己回到自己的本意。

在生活中自然生活真實的我，生命就不會有痛苦的感受，也不會有與世界斷層的問題。就是因為將生命採對立方式處理，生命必然會有對立、斷裂的隔絕感。所以，生命有與世隔絕時，生命的痛苦也必然在生命的反省中產生，而導致人對反省生命的終極關懷落空。

如今，還原到真實的自我時，這個我是真實我，真實的自然我與世界是和諧的，本之於自然的感受時，懂得自我的可貴，自然懂得如何令別人也活出他自己的真我，人與人之間的痛苦就是彼此以不真實的我相互對立，彼此不真實，彼此的關係容易變動，彼此在對方身上找自己生命要的感覺，而彼此不斷的因對方變動而變動、失落。

相反的，自然而真實如一的我，懂得開展自己生命的真實，自然也會懂得如何尊重一切人如何開展自然我的可貴。人之所以相互追求於對方身上，也不過是為了一份失落的自然我罷了。所以，人自己還原，回歸到自己時，真實自然活在生活中，這時候，所有關於生命存在的問題或對生命迷惑的答案，也就在人我不斷趨於自然與真實當中獲得自然的關懷。

生命不在於答案，

生命在於終極關懷的自然流露。

生命是什麼？

生命是真實如一的感受。
如實感覺，如實生活，
這就是真人生，
這就是人生的一切、生命的關懷。

PART 5

彩虹橋上生命的弦唱

當人生路經過千山萬水，走過彩虹橋上的彼岸，終於生命有了必然的沉澱。

恢復的自主，生命湧動本心不可說的旋律，歌詠在走過彩虹橋上每一步伐的喜悅，歌頌生命覺醒的禮敬與讚嘆。

過了彩虹橋，確定在彼岸的覺醒之路，生命有了對自己沉澱之後的清明內涵。

了義的真實，了悟的真理，生命本質本然的答案，字字珠璣，句句相應生命的確定，就讓覺醒的內涵烙印在我們的生命中，成自己生命的主人。

第十五章　生命之歌

起——第一樂章

一二八、終極關懷

生命的終極關懷是如此的艱巨而無法想像。在這個世界上，是否有人能夠了解，為了生命終極的落實，身體心力所付出的代價與過程。

愛必須透過生命不斷的自覺來完成。

而生命本身的自覺卻必須在愛的終極關懷中，逐一落實到這個現世。

每一個生命都是自己當下的傳承，在生命不斷反省與自覺當中，人自己的生活也不斷的改變與調整。

關懷在當下，自覺一切的可能。現世的愛，現世的關懷，現世的自覺，調整一切，自覺終極，自我完成。

一二九、志業

每一個時代裡，最偉大的事業，就是生命完成的事業。

時代的組合是無數生命的組合。

時代所有內容的形成，同樣的，時代裡面所有的人都有責任擔負同時代的一切。

時代的志業，自覺的心，全面性的覺醒。

當下的組合，無數的組合，志業，覺醒的事業，終極的愛，我們都已經來到這個世代，形成到哪裡，組合到哪裡。一切的一切，在每一個時代裡，志業的大愛，生活的變革，自然而然。

一三〇、時代有歌

時代有歌，時代有他特別的愛，在你的心中，在他的心中，在我的心中，在我們生命裡共同的自覺裡。

生活不能沒有面對，生命不能沒有反省。之所以面對，之所以反省，源自於每一個人，源自於每一個自我。

時代有曲，譜曲的人是誰？譜曲的人必然是你，必然是我，必然是他，必然是同時代的每一個人。

時代的歌、時代的曲在那裡？時代的歌、時代的曲在每一個人生命的自覺裡。

是的，生命不能沒有面對，生命不能沒有自覺。

這一個沒有常數的時代，這一個人心處處飄零的時代，時代有歌，時代有曲，時代有自覺，歌曲到哪裡，時代的自覺到哪裡。

承——第二樂章

一三一、時代的良知

時代的良知，其實早已沉淪，

時代的悲劇，其實早已上演，

時代的無奈早已深植每一個人心中，

時代啊！時代，
一個根本連自覺也沒有機會的時代，
常想，生命的努力必須落實，
而落實的過程，其中付出代價之艱巨，
根本不是常人所能想像。

一三二、永遠的事業

生命的代價仍然不斷的付出。對我的生命特質而言，這是永遠的事業，生活裡最自然的表達。

生命反省至今日，正值落實階段，而落實的重要是為了未來生命完成的必要過程。

生命任何過程，都是永遠的事業，沒有所謂的犧牲問題，在每一個自覺的生命特質裡，他完成了自己，也完成那個時代終極的關懷。

一三三、生命的深遠

生命必須要落實。生命在最深最高最大的深遠中觀照世間一切後，在自我完成同時，必須返回世間投入萬丈紅塵，而落實是重返人間的階段。

重返人間，重返世界的一切，最大的問題是生命所有的存在必須自然的放在社會的規範中釐定。

生命的偉大在於能夠在平實中，讓所有的平凡以自己的存在方式完成他自己生命最好的內涵。

一三四、生命是自己的唯一

是的，生命最深的終極關懷不致落空的唯一途徑就是，生命自我完成同時，也是時代整體內涵的落實與完成。

落實的過程，生命自我完成後，終極關懷必須藉落實來開展，而在生命不斷的落實當中，時代所要的終極關懷也得以在平實的世間讓同時代的生命共同完成。

是的，終極關懷，世界和平，存乎一心，和平轉換，解除對立，人人自覺，人人莊嚴，人愛人人，落實到成為事實，一切都不是問題。

一三五、生命的特質

生命在落實階段有那些是要切記的呢？

必須源於生命的特質來自定。

必須源於生命的特質來反省。

必須源於生命的特質來面對。

必須源於生命的特質來落實。

一三六、自我完成

必須將生命之外的投射回到自己生命本質特質，生命的自覺不能有絲毫外求，任何生命的落實必然是在生命自我完成之後，自然步入落實階段。

生命落實於世界的任何過程都必須是自然的。而所有的落實，自己與終極關懷的生命，都必然是在最自然的情況下，生命得以全然的完成。

在不斷落實當中，生命在時代裡的迷惑也不斷解開。而提供時代所有生命的完成的具體內容也逐一顯現，在每一個落實階段裡。

轉——第三樂章

一三七、生命的準備

生命落實的階段也是準備階段，準備到哪裡，生命自覺到哪裡。

準備，主動的準備，感同身受的準備，人世的一切，自發性的準備，已經完成準備，終極的準備。

一三八、生命的自然

生命之所以真、之所以善、之所以美，在於——生命的自然。

生命之愛在於能反省，生活是反省的道場，提醒本身就是愛，自然的愛，自然的圓成，何等的自在，何等的美好。

一三九、生命的反省

生命不能自然自在，都是必須靜下來反省的時候。

當下的反省。

自然的反省。
寂靜的反省。
反省生活上所有的反應。
反應中反應生命所有本然的節奏。
生命的節奏反省生命所有寧靜深遠的感動。

一四〇、活在愛中

我的生活無時無刻不在最平凡處，提供我最不平凡的智慧。
我的生命活在愛中，而我生命的愛來自每一種生命自然的生活裡。

一四一、生命的第一等人

什麼是第一等人？
忠誠於自己活出真正自己，人就是自己生命第一等人。

一四二、生命與生命之間

生命與生命之間根本不是用比較來理解的，生命與生命之間不能只看生命的特別與差異，而用比較方式來理解。

生命與生命之間，共同圓成，解除一切比較，方向才正確，大愛在當下，正視心態，不必要有的心態全部調整。

一四三、生命最深的企求

愛在完成，
愛在悲歡離合裡完成每一個人最深的企求，
企求生命最後的完美，
企求生命最後的覺醒，
愛本身就是一種生命的企求，
愛的自然，自覺的自然。

合——第四樂章

一四四、愛的完成

愛是生命最自然的完成，愛必須有完成。

完成不只是要求世間的結果，而是彼此生命在愛的歷程中，以愛為基點，完成人面對生命的成就。

人來到這個世界，心志和身體受到生至死的無數考驗，這一切最終極意義在哪裡？人必須在自己生與死之間歲月生活中，體會每一種生活的歷練，從中去了解自己生命的真面目，而不是在自己的人生角色上一再迷失而導致永遠的沉淪。

其實，生命的沉淪並不可悲。可悲的是生命的不能自覺。

生命要自覺什麼呢？

生命必須自覺到：生命為什麼要來到這個世界？來這個世界對生命的要義？生命來到世界要得到什麼？

反省生命必須自然，不能用不自然的心去做生命的反省，會將原本複雜的事件更加扭曲。

所以，反省生命，很高竿，用越高竿、越自然、越輕鬆的心來想生命的一切。

一四五、生命與生活

到底生命跟生活有什麼關係呢？

生活是生命的表相，生命是生活的本質，兩者是一體兩面，深入說，是一樣的。

生命在生活裡呈現，生活處處顯現生命的內涵並加以具體化。

人之所以以人的整體意義又來到這個世界，其間最重要的意義就是完成生命所要清楚的內涵。

但是，到底要怎樣才算是對生命的真清楚呢？

忠誠於自我生命的特質，是免於自我流失於世界的最好根本方法。真我不流失之後，保持真我的真義必須徹底體會，然後在具體的世界將生命真我落實。

一四六、生命的答案在自己身上

生命必須落實，生命的落實是對自己的完成所必須的實踐，同時也是對時代本身提供解決之道的方法。

生命要落實，落實在哪裡呢？事實上人最大的問題，是在世界的生活中不斷迷失自我，免於迷失真我變成最大的課題，事實上，生命的完成，說穿了就是自己不斷的完成中也落實在這個世界，令所有的生命免於迷失，而能活出真我。

人自己迷失而一再責怪別人，於是，在不斷的責怪他人當中，生命永遠不能從別人身上回到自己。老是在別人身上找生命的答案，而自己存在的問題連著手的地方也沒有。

一四七、生命無所不在

生命沒有著手的地方，生命勢將流浪，飄零在時代的變動中。

但是，生命沒有著手地方，並沒有關係，沒有著手地方代表另一種轉機，代表著手之處就在沒有著手之處，這個話怎麼說呢？

生命本身是完整而無所不在的。生命無所謂著手或無著手之處，生命在一切處轉，而且生命是自己最真實的代表。而事實上，人迷失的時候並不是他的生命真我消失，而是人自己不知生命自我就是活著的自己。所以，生命真我一直存在，任何地方都是著手地方，連無著手之處也是著手之處。

反過來看，人要能懂得生命反省如何著手，本來就必須在他自己迷失的過程中體悟出生命著手處的。

所以，所有人的生命必然會在任何狀況下，完成屬於他自己生命所要去完成的特質。

一四八、生命的意義

昨夜與一位朋友在聊天，他要我給他一些人生意見。

我本身當下想到給別人意見是一件慎重的事，朋友間同時是生命的託付，所以不隨便給予別人生命意見，若要給予別人生命意見時，必須以當事人生命特質給予最佳最中肯的意見。

事實上，我們如何給予他人生命意見呢？我們不是給予別人什麼生命意見，而是在交談中給予的動機問題。

我們不是用自己的生命認定給予別人生命的認定，我們對於別人生命的意見，最重要的是要在話中給予別人自己去反省他自己生命的意義，而不是用自己的真我去取代別人生命真我。

如果，在給別人人生意見時出這種問題，自己的生命真我事實上也是有問題的。相對的，你真的活出自己，那麼你自己必然是懂得如何珍重別人生命的真我，將心比心，源於生命的就是讓彼此活出真正的自己都有著最完整的時間空間完成真正的自我。

一四九、活出自己

處在這個時代的每一個人，到底在活什麼，你問他，他自己也不知道，甚至，對你問他這個問題產生巨大的排斥。有的人甚至拒絕自己去想活著是為了什麼，反正生活就是這樣，至於為什麼要這麼活就不需要去清楚了。

活出自己，活出清楚的自己，沒有不可能的事，不要對任何事產生不必要的想法，活出一種了然，我們都在其中。

愛的本身，是一種清楚的生活，不清楚的地方，要有智慧去排除，人生的一切都是必想的事，活著就要活出自己。

一五〇、生命的特質就是自己

有的人在自覺到，生活不應該只是目前這樣時，開始反省生命層次的問題，可是都苦無著手之處。

生命若無著手之處，怎麼辦呢？這個時候心情必須越簡單越好，心情越自然，越好。

生命沒有著手地方時，生命容易趨於無奈，甚至導致生命的無能為力，視生命的痛苦為人生理所當然的事。

所以，在生命迷惑時，要面對生命，必須能夠給予自己生命特質的最大肯定跟信念。

唯有生命的特質才能在生命無奈中重新出發，找生命的原動力。

生命的特質就是自己。

生命請自己完成自己。

第十六章　覺醒的眞義

一五一、自然顯現

生命是在不斷的前進當中，
自然顯現生命存在的意義。

一五二、十字路

生命不能免於十字路口的困惑，
同樣的，生命更能在十字路口困惑當中，

尋獲自我生命去完成的真理及完成方式。
轉動生命困惑的十字路，轉化自己，當下圓成。

一五三、真實

生命的完成不只是尋求世間的結果，
更在於不斷的在生命歷程中，對自己存在最真的感受與成功。

一五四、成長

生命不斷的成長來自不斷的企求。

一五五、珍重

生命要有過程，
而珍重所有的歷程是自我最大的珍重。

一五六、自己

生命唯一能要求的只有自己。

一五七、歷程

生命的完成本身就是生命的歷程。

一五八、結果

如果生命是在求一種果，
那麼所求的結果永遠不會有最後的結果。

一五九、預設

生命可以預設一種結果，
但是生命的真義絕不是在結果，
更不能將生命真義陷溺在「結果」的陷阱。

一六〇、守候

只有自己能給自己生命最大的守候。
生命在困境時不能急於一時。
生命的完成也是空間完整結合的歷程。

一六一、轉折

在生命變動的轉折裡，
生命的抉擇自己是唯一的指導者。

一六二、企求

生活活得好就是生命的企求。

一六三、角色

每一個生命自己都必然會自主的走上全面性覺醒的階段，
也必然會對自己的生命內涵相應出一生中必然志業的角色，

而在每一個徹底究竟的實際對應中，
示現生命莊嚴的特質，
定位自身每一個當下必要的生命意義。

一六四、定位

角色的定位，生命特質的定位。
角色的定位，自覺的定位。
角色的定位，終極的定位。
角色的定位，志業的定位。

一六五、活出一切可能性

活出一切可能性，生命的出口要出來。
活出一切可能性，站好就定位。
活出一切可能性，只要有可能皆要完成。
活出一切可能性，沒有不可能完成的任務。

一六六、站好就定位

站好就定位，定位所有的方向。
站好就定位，定位所有的機會。
站好就定位，向一切處大步走開。
站好就定位，確定一切的中道。

一六七、生命出口

生命出口，任何的當下都是。
生命出口，是一切的決勝關鍵。
生命出口，令一切生命有轉折的機會。
生命出口，是一切生命的重大權利與義務。

一六八、沒有不可能的任務

沒有不可能的任務，因為生命的大愛。
沒有不可能的任務，因為一切生命的苦難必須終止。

沒有不可能的任務，因為我們都已經歷一切悲苦。
沒有不可能的任務，因為終極世代確定已來臨。

一六九、終止一切悲苦

終止一切悲苦，一切生命的本分。
終止一切悲苦，悲苦本身終止悲苦。
終止一切悲苦，不能只有少數人的自覺，必須全面性的圓滿。
終止一切悲苦，天地之間終極的意志。

一七〇、生命的大愛

生命的大愛，令一切出口自然打開。
生命的大愛，等同一切的覺醒。
生命的大愛，生命的大意志，必須徹底清楚。
生命的大愛，生命的大圓滿，無不必要的路可繞。

一七一、必須徹底清楚

必須徹底清楚，每一個行為都有他的意義。
必須徹底清楚，任何的生命企求都在當下完成。
必須徹底清楚，清楚自己的理念是什麼。
必須徹底清楚，清楚自己的變動是什麼。

一七二、尋求

生命緣於自己，
必須為所有的歲月尋求最後的機會。

一七三、最後一人

最後的機會，最後的愛，
最後的表達，最後的呈現，
唯有那最後的守候，最後的一人。

一七四、終極呈現

最後的一人，終極的呈現，
中道的群策群力，一切的一切，總是那麼的清楚。

一七五、解除

總是那麼的清楚，來到這樣的人世，
苦難不是問題，
該還原的還原，該解除的解除。

一七六、我愛世人

我愛世人，世人不一定愛自己。
我愛世人，世人必須學會愛自己。
我愛世人，世人必須學會彼此尊重。
我愛世人，世人愛我，等同等持。

一七七、時間到了

時間到了，歷程到了，
每一個自己，每一個當下，
感動之餘，天地認同，大愛成就，終極圓滿。

一七八、天地認同

天地認同，我自認同，人人自認同，
認同生命的共同經驗，
經驗一切，體會一切，認同一切。

一七九、轉動

經驗一切，
沒有不能轉動的十字路口，
沒有不能回頭的來時路。

一八〇、形成

生命的特質，生命的愛，
我已完成，大家圓成，
生命的意志，形成生命的特殊本質。

一八一、事實

生命的意志，生命的藍圖，
生命的特質，生命的企求，
生活的事實，
形成一切人生的歲月。

一八二、告白

人生的歲月，無不是對自己的圓成。
人生的歲月，無不是對自己的告白。

一八三、歲月

活過的歲月，活出的自己。

一八四、一切可能

生命的意義，既然來到人世，就必須落實。
懂得落實，就是一種智慧。
人生充滿一切可能，主導自己，主導一切。

一八五、奧妙

生命的呈現，生活的奧妙，自然而然的反應一切的本質。
我們必須自覺到自性的本質

一八六、來臨

最深的企求，一切歷程的企求，企求本來面目的來臨。
人生是一首詩，完成自己的史詩。

一八七、脈動

轉折再轉折，轉折處轉出生命的脈動。

一八八、意願

生命完成的方式，不限任何的形式，要有意願面對變動，主動面對變動。

一八九、真理

生命的真理，真理即本質。

自覺到本質，我們才能落實真正的內容。

這樣才能對一切的問題，產生真正的解除。

一九〇、主動

自覺到本質，就必須主動改變自己，不能停留在原地，這樣才算是給自己機會。

一九一、無所不在

生命無所不在。

無所不在才是真生命。

一九二、深遠

不能再等候，人間已經是時候了。

一切皆不能預設方向，不在一切經驗當中，走出生命的深遠。

一九三、扮演

世代的良知，終極的關懷，一切的角色，自然的扮演。

一九四、真義

人生的真義，大道之路，一切之路，人人之路，中道之路。

一九五、分享

已經解除的，就必須分享天下。
已經自主的，就必須主動互動天下。

一九六、出口

必然的結果，必然的愛，我們都在其中。
生命的出口，共同擁有，永不再改變的事實。

一九七、愛

最深久的痛楚，成就最深沉的愛。

一九八、了解

了解自己的過程，無時無刻的反問自己。
在自己的生生世世，在自己的無始無終，在自己的無邊無量。

一九九、回答

人是什麼？生命是什麼？最後的答案是什麼？

請自己回答這一切。

二〇〇、生命的答案

請自己回答這一切，

請一切人回答一切人，

請天下回答天下，

請終極回答終極，

請最後的全面覺醒實相終極圓滿事實。

哲學宗教類　PA0062

第三覺醒

作　　者 / 陳炳宏
責任編輯 / 蔡曉雯
圖文排版 / 陳姿廷
封面設計 / 王嵩賀

發 行 人 / 宋政坤
法律顧問 / 毛國樑　律師
印製出版 / 秀威資訊科技股份有限公司
114台北市內湖區瑞光路76巷65號1樓
電話：+886-2-2796-3638　傳真：+886-2-2796-1377
http://www.showwe.com.tw
劃撥帳號 / 19563868　戶名：秀威資訊科技股份有限公司
讀者服務信箱：service@showwe.com.tw
展售門市 / 國家書店（松江門市）
104台北市中山區松江路209號1樓
電話：+886-2-2518-0207　傳真：+886-2-2518-0778
網路訂購 / 秀威網路書店：http://www.bodbooks.com.tw
國家網路書店：http://www.govbooks.com.tw
圖書經銷 / 紅螞蟻圖書有限公司
114台北市內湖區舊宗路二段121巷28、32號4樓
電話：+886-2-2795-3656　傳真：+886-2-2795-4100

2012年11月BOD一版
定價：260元

國家圖書館出版品預行編目

第三覺醒 / 陳炳宏作. -- 一版. -- 臺北市：秀威資訊科技, 2012.11

面； 公分. --（哲學宗教類；PA0062）

BOD版

ISBN 978-986-326-010-3（平裝）

1.修身

192.1 101019815

讀者回函卡

感謝您購買本書，為提升服務品質，請填妥以下資料，將讀者回函卡直接寄回或傳真本公司，收到您的寶貴意見後，我們會收藏記錄及檢討，謝謝！

如您需要了解本公司最新出版書目、購書優惠或企劃活動，歡迎您上網查詢或下載相關資料：http:// www.showwe.com.tw

您購買的書名：____________________

出生日期：________年________月________日

學歷：□高中(含)以下　□大專　□研究所(含)以上

職業：□製造業　□金融業　□資訊業　□軍警　□傳播業　□自由業

□服務業　□公務員　□教職　□學生　□家管　□其它____

購書地點：□網路書店　□實體書店　□書展　□郵購　□贈閱　□其他

您從何得知本書的消息？

□網路書店　□實體書店　□網路搜尋　□電子報　□書訊　□雜誌

□傳播媒體　□親友推薦　□網站推薦　□部落格　□其他________

您對本書的評價：(請填代號　1.非常滿意　2.滿意　3.尚可　4.再改進)

封面設計____　版面編排____　內容____　文／譯筆____　價格____

讀完書後您覺得：

□很有收穫　□有收穫　□收穫不多　□沒收穫

對我們的建議：____________________

____

____

____

請貼
郵票

11466
台北市內湖區瑞光路 76 巷 65 號 1 樓
秀威資訊科技股份有限公司 收
BOD 數位出版事業部

....

（請沿線對折寄回，謝謝！）

姓　名：＿＿＿＿＿＿＿＿＿＿　年齡：＿＿＿＿　性別：□女　□男

郵遞區號：□□□□□

地　址：＿＿＿＿＿＿＿＿＿＿＿＿＿＿＿＿＿＿＿＿＿＿＿＿＿＿

聯絡電話：(日)＿＿＿＿＿＿＿＿＿＿＿＿(夜)＿＿＿＿＿＿＿＿＿＿＿＿

E-mail：＿＿＿＿＿＿＿＿＿＿＿＿＿＿＿＿＿＿＿＿＿＿＿＿＿＿